Bernd Schünemann
Nulla poena sine lege?

Nulla poena sine lege?

Rechtstheoretische und verfassungsrechtliche Implikationen der Rechtsgewinnung im Strafrecht

von

Bernd Schünemann

1978

W DE G

Walter de Gruyter · Berlin · New York

Mit Anmerkungen versehener Text der Antrittsvorlesung, die der Verf. am 1. 7. 1977 an der Universität Mannheim gehalten hat.

CIP-Kurztitelaufnahme der Deutschen Bibliothek

Schünemann, Bernd
Nulla poena sine lege? : Rechtstheoret. u. verfassungsrechtl. Implikationen d. Rechtsgewinnung im Strafrecht. – 1. Aufl. – Berlin, New York : de Gruyter, 1978.
ISBN 3-11-007591-1

Printed in Germany
Satz und Druck: Mercedes-Druck, 1000 Berlin 61
Bindearbeiten: Wübben, 1000 Berlin 42

I.

Nach Art. 103 Abs. 2 GG kann eine Tat nur dann bestraft werden, wenn ihre Strafbarkeit gesetzlich bestimmt war, bevor sie begangen wurde. Hierin liegt nach einem berühmten Worte *Franz von Liszts*[1] das „Bollwerk des Staatsbürgers gegenüber der staatlichen Allgewalt, gegenüber der rücksichtslosen Macht der Mehrheit", und kraft dieses Grundsatzes soll das Strafgesetzbuch die unübersteigbare Schranke der Kriminalpolitik und quasi die *magna charta* des Verbrechers bilden[2], deren Fanal – so *Maurach* – nach vorübergehender Verdunkelung gegenwärtig wieder hell erstrahlt[3]. Eine solche Charakterisierung mag für mit dem Strafrecht weniger vertraute Ohren zunächst hochtrabend klingen, erweist sich aber geradezu als bescheiden, sobald wir einen auch nur oberflächlichen Blick auf die Geschichtes dieses Rechtssatzes werfen.

Die spezifisch staatsrechtliche Wurzel des Art. 103 reicht bis in die Aufklärung zurück, wo er von *Locke, Montesquieu* und *Beccaria* aus der fundamentalen Denkfigur des *Sozialvertrages* abgeleitet wurde: Die Menschen haben danach ihre ursprünglichen Freiheiten nur insoweit in die Gesellschaft eingebracht, als dies zur Ermöglichung einer allgemeinen Koexistenz notwendig war, und über die Erforderlichkeit der Gesetze als der Bedingungen des friedlichen Miteinanderlebens sollte allein der die Gesellschaft insgesamt repräsentierende Gesetzgeber, niemals aber der einzelne Richter ent-

---

1 Aufsätze und Vorträge, Band II, 1905, S. 80; heute noch beifällig zitiert z.B. von *Bockelmann*, Strafrecht AT, 2. Aufl. 1975, S. 16; vgl. ferner *Sax*, Das strafrechtliche Analogieverbot, 1953, S. 14. Weitere markige Formulierungen sind bei *Mangakis* ZStW 81, 998 nachgewiesen.

2 Diese berühmte Sentenz *Liszts* ist allerdings logisch falsch, denn weil man ja erst kraft einer Verletzung des Strafgesetzes zum Verbrecher wird, ist das StGB die magna charta nicht des Verbrechers, sondern des Bürgers!

3 *Maurach*, Strafrecht AT, 3. Aufl. 1965, S. 56; ebenso *Maurach-Zipf*, Strafrecht AT I, 5. Aufl. 1977, S. 78.

scheiden können[4]. Art. 103 GG ist damit direkt auf die Idee der bürgerlichen Freiheit und ihres Schutzes durch die Gewaltenteilung zurückzuführen und zählt infolgedessen zu den die rechtsstaatlich-liberale Seite unserer Verfassung prägenden *Fundamentalnormen.* Dennoch ist mit dieser anspruchsvollen Charakterisierung sowohl der historische als auch der teleologische Hintergrund dieser Vorschrift gerade nur zur Hälfte erfaßt. Denn nur wenige Jahrzehnte, nachdem sich die Ideen der Aufklärung in der österreichischen Josephina von 1787 und dem preußischen Allgemeinen Landrecht von 1794 wenigstens teilweise sowie in der französischen Erklärung der Menschen- und Bürgerrechte von 1789 vollständig durchgesetzt hatten[5], wurden sie um einen völlig selbständigen, und zwar spezifisch strafrechtlichen Aspekt bereichert: Anselm von Feuerbach leitete nämlich aus seiner bekannten *psychologischen Zwangstheorie*[6] die Folgerung ab, daß nur eine *vor* der Tat existierende *gesetzliche* Strafdrohung die zur Tat drängenden Antriebe zu paralysieren, und das heißt: *generalpräventiv* zu wirken vermag. Auch wenn diese Rechtfertigung der Strafrechtsnormen aus der mit der bloßen Straf*androhung* verbundenen Abschreckungswirkung bis zu *Hobbes* zurückverfolgt werden kann[7], so gebührt doch *Feuerbach* das Verdienst, die im Vergleich zum Naturrecht und Gerichtsgebrauch potenzierte generalpräventive Wirksamkeit des *geschriebenen* Gesetzes herausgearbeitet[8] und dadurch eine konsistente staatsrechtliche *und* strafrechtliche Begründung des nulla-poena-Satzes gefunden zu haben. Auf *Feuerbach* geht auch die heute noch gebräuchliche lateinische Formulierung *„nullum crimen,*

---

4 Vgl. *Montesquieu,* Vom Geist der Gesetze (hrsg. v. *Forsthoff* 1951), XI 6 S. 214ff.; *Beccaria,* Von Verbrechen und Strafen (hrsg. v. *Alff* 1966), III (S. 54ff.); zu *Locke* vgl. die Darstellung bei *Schreiber,* Gesetz und Richter, 1976, S. 50ff.; vgl. ferner *Schöckel,* Die Entwicklung des strafrechtl. Rückwirkungsverbots bis zur Französischen Revolution, 1968, S. 63ff.; *Kohlmann,* Der Begriff des Staatsgeheimnisses und das verfassungsrechtliche Gebot der Bestimmtheit von Strafvorschriften, 1969, S. 169ff.

5 Vgl. dazu i.e. *Schreiber,* aaO., S. 67ff.; *Kleinheyer,* Vom Wesen der Strafgesetze in der neueren Rechtsentwicklung, 1968.

6 Im Grunde genommen findet sich übrigens eine an den psychologischen Zwang anknüpfende deterministische Theorie der Androhungsgeneralprävention schon bei *Hommel,* Über Belohnung und Strafe nach türkischen Gesetzen, Neudruck 1970 der 2. Aufl. 1772, S. 99.

7 Vgl. *Schöckel,* a.a.O., S. 35, 53f.; *Schreiber,* a.a.O., S. 102.

8 S. *Schreiber,* a.a.O., S. 104f.

nulla poena sine lege"[9] sowie deren ungeschmälerte Realisierung in dem bayerischen StGB von 1813 zurück, das dann die gesamte anschließende Entwicklung des Partikularstrafrechtes entscheidend geprägt hat. Über das in der Formulierung den code pénal kopierende preußische StGB von 1851 gelangte der nulla-poena-Satz sodann in das RStGB von 1871 und gewann schließlich in Art. 116 der Weimarer Reichsverfassung den besonderen Rang eines Verfassungsrechtssatzes, in den er nach der Rechtsstaatsfinsternis des Dritten Reiches durch Art. 103 Abs. 2 GG wiedereingesetzt wurde.

Ebenso imponierend wie die *historische Entwicklung* und *teleologische Fundierung* des nulla-poena-Satzes scheint auch seine *semantische Prägnanz* und Geschlossenheit zu sein. Denn seit der Zeit *Feuerbachs*[10] werden bis auf den heutigen Tag[11] immer wieder die gleichen *fünf* konkreten Ausprägungen angegeben, indem jede sich zum Nachteil des Angeklagten auswirkende strafrechtliche Normschöpfung für *verboten* erklärt wird, soweit sie *erstens* durch *Analogie* oder *zweitens* durch *Gewohnheitsrecht* oder *drittens* mit *Rückwirkung* erfolgt oder *viertens* inhaltlich so *unbestimmt* ist, daß die eigentliche Entscheidung über die Strafbarkeit richterlicher Willkür überlassen bleibt; und *fünftens* sollen diese Garantien nicht nur für das „Ob", sondern auch für das „Wie" der Strafbarkeit gelten, also sowohl für das *crimen* als auch für die *poena.*

II.

Dieses Bild eines wohlfundierten, bedeutungsfesten und konsensgesättigten nulla-poena-Satzes an der Spitze der strafrechtlichen Normenpyramide strahlt eine vollendete Harmonie aus, wird aber leider schon bei dem ersten Blick auf die Praxis der Rechtssetzung und Rechtsprechung als ein *Trugbild* entlarvt. Jede einzelne der genannten fünf Konkretisierungen ist nämlich

---

[9] Lehrbuch des gemeinen in Deutschland geltenden Peinlichen Rechts, 1. Aufl. 1801, S. 20.

[10] Vgl. dazu *Schreiber,* a.a.O., S. 108ff.

[11] *Baumann,* Strafrecht, AT, 8. Aufl. 1977, S. 83ff., S. 158f.; *Maurach-Zipf,* a.a.O., S. 114ff.; *Jescheck,* Lehrbuch des Strafrechts, AT, 5. Aufl. 1972, S. 98ff., insbes. S. 105ff.; *Dreher,* Strafgesetzbuch, 37. Aufl. 1977, § 1, Rdnr. 1ff.; *Schönke-Schröder-Eser,* Strafgesetzbuch, 18. Aufl. 1976, § 1, Rdnr. 1ff.; *Schreiber* in SK, Bd. 1, AT, 2. Aufl. 1977, § 1, Rdnr. 1ff.

entweder vom Gesetzgeber als der ersten oder von der Justiz als der dritten Gewalt unseres Staates so geflissentlich verkürzt worden, daß man kaum noch von einer schlichten Aushöhlung und eher schon von einem völligen Verlust der faktischen Normgeltung sprechen kann. Gestatten Sie mir, mit Rücksicht auf die beschränkte Zeit aus der Fülle des einschlägigen Beweismaterials nur einige der markantesten Beispiele herauszugreifen.

1. Das *Analogieverbot* wird nach traditioneller Auffassung durch die sog. *Wortlautgrenze* garantiert, d.h. durch das Gebot, nur solche Fälle unter die Tatbestände des Besonderen Teils zu subsumieren, die auch von der umgangssprachlichen Bedeutung der Gesetzestermini gedeckt werden[12]. Gleichwohl hat der BGH keine Bedenken getragen, das Zusammenwirken von zwei Gefangenen als eine Zusammenrottung und den Zusammenschluß von zwei Dieben als eine Bande zu qualifizieren[13], bei der bevorstehenden Verwirklichung eines freien Selbsttötungsentschlusses von einem „Unglücksfall" zu sprechen[14] sowie die für den Forstdiebstahl „mit bespanntem Fuhrwerk" vorgesehene Strafschärfung auch bei einem Forstdiebstahl mittels eines Kraftfahrzeuges anzuwenden[15]. Wenn wir noch die im Schrifttum verbreitete sog. berichtigende Auslegung des Unterschlagungstatbestandes hinzunehmen, derzufolge der im Gesetz ausdrücklich geforderte Gewahrsam des Täters an der dem Eigentümer entzogenen Sache entbehrlich sein soll[16], so dürften wir wohl genügend Belege für die in der Rechtswirklichkeit vorherrschende Geringschätzung des Analogieverbotes beisammen haben.

---

[12] Vgl. nur *Schmidhäuser,* Strafrecht, AT, 2. Aufl. 1970, S. 112f.; *Maurach-Zipf,* a.a.O., S. 133ff.; *Schönke-Schröder-Eser,* a.a.O., § 1, Rdnr. 62f.; *Schreiber* in SK, a.a.O., § 1, Rdnr. 24.
Die im Anschluß an *Germann* (grdl. SchwZStrR 55, 154, 160; 61, 136 ff.) in der *schweiz.* Dogmatik lange Zeit herrschende Ablehnung der Wortlautgrenze (vgl. etwa *Waiblinger* Z. d. Berner Juristenvereins 91 II, 238 ff.; *Hafter* SchwZStrR 62, 136; auch *Mittermaier* SchwZStrR 63, 422 ff.; krit. *Jost* SchwZStrR 65, 369 f.) scheint heute an Einfluß verloren zu haben (vgl. *Schwander,* Das schweiz. Strafgesetzbuch, 2. Aufl. 1964, S. 61; *Schultz,* Einführung in den Allgemeinen Teil des Strafrechts I, 1973, S. 79).

[13] Vgl. BGHSt. 20, 307; 23, 239 (st. Rspr.).

[14] BGHSt. – GrS – 6, 147; 13, 162.

[15] BGHSt. 10, 375f.; weit. Beisp. bei *Neumann* in *v. Savigny* u. a., Jurist. Dogmatik und Wissenschaftstheorie, 1976, S. 43ff.

[16] *Welzel,* Das deutsche Strafrecht, 11. Aufl. 1969, S. 339f.; *Schönke-Schröder-Eser,* a.a.O., § 246, Rdnr. 8f.; *Dreher,* a.a.O., § 246, Rdnr. 10; *Heimann-Trosien* in LK, 9. Aufl. 1970-74, § 246, Rdnr. 15 m.w.N.; kritisch *Bockelmann* MDR 1953, 3ff.; *Schünemann* JuS 1968, 114ff.

2. Für die Anwendung von strafbegründendem *Gewohnheitsrecht* besteht nach dieser weitgehenden Preisgabe der Wortlautgrenze im Besonderen Teil des StGB von vornherein kein Bedürfnis mehr. Etwas anderes gilt jedoch für den *Allgemeinen Teil,* und hier stoßen wir denn auch prompt auf diese zweite Todsünde wider den nulla-poena-Satz, und zwar in Gestalt der Zementierung und Immunisierung einer an sich verfehlten und überholten Judikatur. Als Beispiele nenne ich die subjektive Teilnahmetheorie, die der BGH trotz der vernichtenden Kritik der Wissenschaft[17] bis heute nicht preisgegeben hat[18], und die Garantenstellung aus Ingerenz, d.h. aus vorangegangenem gefährlichen Tun. Dabei spielt es in diesem Zusammenhang keine Rolle, daß die Gleichbehandlung von aktivem Tun und Unterlassen qua Ingerenz, wie ich schon früher im einzelnen darzulegen versucht habe, auch axiologisch verfehlt ist; entscheidend ist vielmehr, daß sich nach altem wie nach neuem Recht ein rechtliches Einstehenmüssen für den Erfolg wie auch eine Begehungsäquivalenz der Unterlassung bei der Ingerenzhaftung aus keiner sachlogischen Bedingung der Erfolgszurechnung ableiten läßt und die ganze Garantenstellung infolgedessen auf einer nackten richterlichen Dezision beruht[19]. Infolgedessen verzichtet der BGH denn auch in seinen neueren Entscheidungen wohlweislich auf jede sachliche Rechtfertigung der Ingerenz-Garantenstellung[20], und gerade damit bestätigt er implizit die im Schrifttum[21] unverblümt aufgestellte Behauptung, daß es sich bei der Ingerenzhaftung um eine inzwischen gewohnheitsrechtlich anerkannte Rechtsfigur handele.

---

17 Vgl. nur *Maurach,* Deutsches Strafrecht, AT, 4. Aufl. 1971, S. 650ff.; *Samson* in SK, a.a.O., § 25, Rdnr. 17; *Roxin,* Täterschaft und Tatherrschaft, 3. Aufl. 1975, S. 51ff.; *ders.*, JZ 1966, 293ff.; GA 1963, 193ff.

18 Vgl. aus der neueren Rspr. BGH bei *Dallinger* MDR 1973, 17, 729; 1974, 547 = GA 1974, 370; die erste Entscheidung zu § 25 n.F. (BGH JZ 1977, 527) distanziert sich zwar von den extremen Konsequenzen der subjektiven Theorie, gibt diese aber immer noch nicht grundsätzlich auf.

19 Vgl. eingehend *meine* Grund und Grenzen der unechten Unterlassungsdelikte, 1971, S. 313ff.; GA 1974, 231ff.

20 Vgl. BGHSt. 25, 220; 26, 37.

21 Vgl. *Schönke-Schröder-Eser,* a.a.O., § 2, Rdnr. 26 sowie allgemein zur (angeblichen) Zulässigkeit vom Gewohnheitsrecht im Allgemeinen Teil *Tröndle* in LK, 9. Aufl., § 2, Rdnr. 17, 21; *Maurach-Zipf,* a.a.O., S. 116f.; *Jescheck,* a.a.O., S. 87f.; differenzierend *Stratenwerth,* Strafrecht Allg. Teil I, 2. Aufl. 1976, Rdnr. 83ff.

3. Während das Verbot von Analogie und Gewohnheitsrecht allein den Kompetenzbereich des *Richters* beschränkt, wird von dem *Rückwirkungsverbot* auch der *Gesetzgeber* getroffen, dessen Normen jedenfalls im Strafrecht immer nur pro futuro wirken dürfen. Im großen und ganzen hat es insoweit an dem schuldigen Respekt nicht gefehlt, und das Rückwirkungsverbot bildet auch heute noch den harten Kern des Art. 103 Abs. 2 GG. Gewisse Erosionserscheinungen sind aber auch hier unverkennbar. Ich nenne exemplarisch die vom Gesetzgeber zweimal angeordnete rückwirkende Verlängerung der strafrechtlichen Verjährungsfristen[22], die vom Großen Senat des BGH in Strafsachen praktizierte retroaktive Substitution zweier Raubqualifikationen[23] sowie das unverändert aktuelle Problem einer rückwirkenden Rechtsprechungsänderung[24].

4. Bei der vierten Konkretisierung, dem Gebot der *Gesetzesbestimmtheit,* treffen wir schließlich auf den Tiefpunkt des nulla-poena-Satzes. Es ist kaum zu glauben, wie häufig der Gesetzgeber dieses Verbot, das an ihn allein adressiert ist, in letzter Zeit beiseite geschoben und seine Regelungsaufgabe durch inhaltslose Leerformeln auf die Justiz abzuwälzen versucht hat. *Naucke* hat unlängst das scheinbar unaufhaltsame Vordringen der Generalklauseln im Strafrecht beschrieben und eine Fülle von Beispielen angeführt[25], die ich an dieser Stelle nicht zu wiederholen brauche. Immerhin darf außer den klassichen bayerischen Beispielen der „Verletzung revolutionärer Grundsätze“ und der „Störung der öffentlichen Ordnung“[26] sowie der seit langem berüchtigten Verwerflichkeitsklausel bei der Nötigung[27] auch der § 41 des Bundesdatenschutzgesetzes, die neueste Blüte des Nebenstrafrechtes, nicht unerwähnt bleiben. Denn der Gesetzgeber hat hier die im heutigen Wirtschaftsleben jeden Tag tausendfach vorkommende Weitergabe personenbezogener Daten für generell strafbar erklärt und die dadurch

---

[22] Vgl. das Gesetz über die Berechnung strafrechtl. Verjährungsfristen v. 13.4.1965 (BGBl I S. 315) sowie Art. 3 des 9. StÄG v. 4.8.1969 (BGBl I S. 1065).

[23] BGHSt. 26, 167ff. (GrS).

[24] Vgl. dazu einstweilen *Schreiber* JZ 1973, 713ff.; zuletzt *Tröndle* in der Festschr. für Dreher, 1977, S. 117ff.

[25] Über Generalklauseln und Rechtsanwendung im Strafrecht, 1973, passim.

[26] Vgl. dazu den Nachw. bei *Beling* ZStW 40, 511f. sowie BayVerfGHE 4 II, 194ff. (n.F.)

[27] § 240 StGB.

drohende unsinnige Konsequenz einer totalen Pönalisierung des für unsere Volkswirtschaft unverzichtbaren Auskunftswesens allein durch die beiden Generalklauseln der „schutzwürdigen Belange“ und der „berechtigten Interessen“ zu bannen versucht. Über eine solche flagrante Verletzung des Bestimmtheitsverbotes könnte man zweifelllos nur den Kopf schütteln, wenn man nicht wüßte, daß das BVerfG dem Gesetzgeber in dieser Hinsicht praktisch einen Freibrief ausgestellt hat, indem es zunächst die Verwendung unscharfer Begriffe im Strafrecht für unvermeidbar erklärt[28] und später sogar den Begriff des „groben Unfugs“ als hinreichend bestimmt bezeichnet hat[29].

5. Diese fortschreitende Unbestimmtheit der gesetzlichen Tatbestandsbildung macht allerdings fast noch einen maßvollen Eindruck, wenn man sie mit der Realität der fünften Konkretisierungsstufe, nämlich dem Gebot der vorherigen gesetzlichen Festlegung der verwirkten *Strafe*, konterkariert. Von einer Bindung des Richters durch den Gesetzgeber kann in dieser Hinsicht schon auf der Ebene der abstrakten Strafrahmen kaum noch die Rede sein. Denn was soll man davon halten, wenn der Totschlagsstrafrahmen einen Spielraum zwischen 6 Monaten und lebenslanger Freiheitsstrafe läßt[30] und wenn der Richter bei einem Diebstahl die Wahl zwischen 10,– DM Geldstrafe und 10 Jahren Freiheitsstrafe hat[31]?

Wenn man die schon von *Naucke*[32] gerügten zahlreichen generalklauselartigen Vorschriften des Allgemeinen Teils über Absehen von Strafe, Strafaussetzung, Strafumwandlung, Maßregelverhängung usw. hinzunimmt und wenn man weiter berücksichtigt, daß Analogie und rückwirkende Gesetzesanwendung auch bei der Strafbemessung vorkommen – was ich am Beispiel des Forstdiebstahls und der Raubqualifikationen soeben schon gezeigt

---

28 BVerfGE 4, 358; 11, 237; zuletzt 37, 208.

29 BVerfGE 26, 41ff.

30 Unter Einbeziehung der unbenannten Strafmilderungs- und Strafschärfungsgründe in §§ 212 II, 213.

31 Gem. §§ 242, 243, 40. Weil § 243 nur eine auf der Regelbeispielstechnik aufbauende und daher letztlich unbenannte Strafzumessungsvorschrift ist, wird das richterliche Ermessen hierdurch kaum beschränkt; zu den Versuchen im Schrifttum, § 243 einem echten Qualifikationstatbestand anzunähern, vgl. zuletzt *Calliess* JZ 1975, 112ff.

32 a.a.O., S. 4f., 25.

habe –, so ist nur noch eine conclusio möglich: Bezüglich der Strafverhängung hat der Richter in jeder Hinsicht plein pouvoir, und eine echte Garantiefunktion von nulla poena sine lege ist hier nirgends erkennbar.

6. Das dürfte als Überblick über die Rolle des Art. 103 Abs. 2 GG in der Rechtswirklichkeit genügen. Ich glaube, daß sich schwerlich eine andere Rechtsnorm finden läßt, die *einerseits* in der Normenpyramide unserer Rechtsordnung an so hervorragender Stelle steht, auf eine so imponierende Vergangenheit zurückblickt und in dogmatischer Hinsicht einen so scharfkantigen Eindruck macht, kurz gesagt: die ein so hohes Prestige besitzt, und die doch *andererseits* in der Praxis so häufig mißachtet wird. Natürlich liegt demgegenüber der Einwand auf der Hand, daß ich eine etwas tendenziöse Auswahl aus dem verfügbaren Material getroffen hätte, weil der nulla-poena-Satz schließlich in so und so vielen Entscheidungen expressis verbis respektiert[33] und vor allem von der Rspr. niemals ausdrücklich geleugnet worden sei; aber das ist nur vordergründig richtig und verschlägt im Ergebnis nicht. Denn wenn eine an sich klare Regel in vielen Fällen nicht befolgt wird, so ist für die übrigen Fälle die Annahme plausibel, daß die Regelbefolgung als Entscheidungsmotiv nur eine Rationalisierung darstellt und daß die eigentlichen Wurzeln der Entscheidung woanders zu suchen sind – nämlich in der Überzeugung des Richters von der sachlichen Richtigkeit des angewandten Gesetzes und damit letztlich in seinem Attitüdenkostüm[34]. Und in Anbetracht dessen erscheint mir das Zwischenresümee gerechtfertigt zu sein, daß von den fünf Konkretisierungen des nulla-poena-Satzes gegenwärtig das Rückwirkungs- und das Gewohnheitsrechtsverbot trotz starker Erosionen noch die stärkste Geltung besitzen, daß das Analogieverbot weitgehend und das Bestimmtheitsgebot weitestgehend preisgegeben sowie von den Garantien für die poena so gut wie gar nichts mehr übrig geblieben ist.

---

33 Vgl. etwa BGHSt. 1, 316; 2, 319; 20, 81; 22, 153, 383; 27, 52, 56; BGH NJW 1976, 1698.

34 Zur richtersoziologischen Attitüdenforschung vgl. *Rottleuthner*, Richterliches Handeln, 1973; *Opp-Peuckert*, Ideologie und Fakten in der Rechtsprechung, 1971; *D. Peters*, Richter im Dienst der Macht, 1973. Zur Bedeutung von Attitüden für die Erklärung und Voraussage von Entscheidungen vgl. allg. *Irle*, Lehrbuch der Sozialpsychologie, 1975, S. 278ff.

III.

Diese Diagnose ist sicherlich unausweichlich, wenn man die heutige Praxis an den Vorstellungen mißt, die zwischen 1764 – dem Erscheinungsjahr von *Beccarias* „Dei delitti e delle pene" – und 1801 – dem Erscheinungsjahr der ersten Auflage von *Feuerbachs* Lehrbuch des Peinlichen Rechts – zu unserem Thema entwickelt worden sind. Bevor die Möglichkeiten einer Therapie geprüft werden, muß man sich jedoch mit der Frage auseinandersetzen, ob Art. 103 Abs. 2 GG ungeachtet seiner weitgehenden sprachlichen Übereinstimmung mit Art. 4 des code pénal von 1810 überhaupt noch den gleichen Sinngehalt besitzt. Denn jede Berufung auf die klassischen Garantien von nullum crimen, nulla poena sine lege droht ja paradox oder zumindest zirkulär zu sein, weil die Norm, die die Rechtsfindung im Strafrecht regelt – nämlich Art. 103 Abs. 2 GG –, in ihrem Sinngehalt selbst erst durch einen Rechtsfindungsvorgang erschlossen werden kann. Die denkbare Apologie der heutigen Praxis, daß der nulla-poena-Satz eben einen Bedeutungswandel durchgemacht habe und heute nur noch eine Art Sollvorschrift darstelle[35], ließe sich infolgedessen streng genommen nur anhand einer ausgearbeiteten Theorie der Verfassungsinterpretation widerlegen. Aber abgesehen davon, daß der vorgegebene Rahmen dafür bei weitem nicht ausreichen würde, scheint es mir einen einfacheren Weg zur Herstellung des notwendigen Grundkonsenses zu geben: Weil der Grundgesetzgeber die Garantiefunktion des Strafgesetzes unzweifelhaft in dem herkömmlichen Umfange wiederherstellen wollte und an keinerlei Schrumpfung ihres Anwendungsbereiches dachte[36], kommt eine Reduktion nur dort in Betracht, wo das teleologische Fundament des Art. 103 Abs. 2 GG für das moderne Rechtsdenken die der klassischen Auffassung entsprechenden Konsequenzen nicht mehr zu tragen vermag.

1. Das älteste Fundament des nulla-poena-Satzes ist die Idee der *Freiheitsverbürgung durch Gewaltenteilung*, die nur dem unmittelbar die gesamte Gesellschaft repräsentierenden Gesetzgeber und nicht etwa einem

---

[35] Überlegungen in dieser Richtung finden sich bei *Lemmel*, Unbestimmte Strafbarkeitsvoraussetzungen im Besond. Teil des Strafrechts und der Grundsatz nullum crimen sine lege, 1970, S. 131ff.

[36] Vgl. zur Entstehungsgeschichte des Art. 103 II GG BVerfGE 25, 187ff.; *Schreiber*, a.a.O., S. 202f.

einzelnen Richter die Befugnis zur strafrechtlichen Normschöpfung verleiht. Daß man im 18. Jahrhundert hierbei von der methodologisch naiven Annahme ausging, der Richter brauche nur wie ein Subsumtionsautomat die im geschriebenen Gesetz fertig daliegenden Ergebnisse auszuwerfen, geht aus *Montesquieus* Charakterisierung des Richters als des „bouche qui prononce les paroles de la loi"[37] wie auch aus den Kommentierungsverboten der Aufklärungsgesetze[38] mit aller Deutlichkeit hervor. Wir wissen heute um den utopischen Charakter dieser Auffassung und um die rechtsschöpferischen Elemente fast jeder Gesetzesauslegung. Dennoch wäre die scheinbar naheliegende Konsequenz, daß mit der Abhalfterung der alten Theorie von der Eindeutigkeit der Gesetze auch die Gesetzesbindung des Strafrichters obsolet geworden sei, ein ziemlich peinlicher Fehlschluß. Denn gerade weil der Richter nach unserer heutigen Erkenntnis bei der von ihm zu leistenden Normenkonkretisierung einen *Entscheidungsspielraum* hat, der ihm wegen der semantisch porösen Struktur der vom Gesetzgeber benutzten Umgangssprache[39] niemals genommen werden kann, stellt sich die schon von *Montesquieu* aufgeworfene Frage, wie man die „unter Menschen so schreckliche richterliche Gewalt"[40] begrenzen und die Zerstörung der bürgerlichen Freiheit durch die Willkür einzelner Amtsträger verhindern könne, nur um so dringlicher. Daß diese Überlegung nicht etwa irgendeinem Mißtrauen oder Vorurteil gegenüber individuellen Trägern der Dritten Gewalt und ihrer Integrität entspringt, brauche ich hoffentlich nicht eigens zu betonen, doch sei zur Vermeidung von Mißverständnissen der Hinweis gestattet, daß alle rechtlichen Kautelen schon allein wegen der Möglichkeit des Mißbrauchs vorgesehen werden müssen, weil die persönliche Integrität eines Amtswalters zwar erwünscht, aber nicht rechtlich faßbar ist. Und daß auch schlechte Gesetze und bessere Richter vorstellbar sind, ergibt ebenfalls keinen Gegeneinwand, weil es ja bei der von der Verfassung eines Staates vorgenommenen Kompetenzverteilung weder schon um die

---

37 Esprit des Lois XI, 6 (Ausg. *Forsthoff*, S. 225).

38 Vgl. dazu *Schreiber*, a.a.O., S. 119; *Küper*, Die Richteridee der Strafprozeßordnung und ihre geschichtlichen Grundlagen, 1967, S. 34ff., insbes. S. 44ff.; *Engisch*, Einführung in das juristische Denken, 6. Aufl. 1975, S. 93.

39 Grundlegend *Waismann*, Verifiability, in: *Flew* (Hrsg.), Essays on Logic and Language, 1951, S. 119; aufgegriffen von *Hart*, The Concept of Law, 6. Aufl. 1972, S. 121ff.

40 Esprit XI, 6 (Ausg. *Forsthoff*, S. 217).

inhaltliche Richtigkeit der Kompetenzausübung noch lediglich um eine formale Gewaltenabgrenzung, sondern vor allem um eine Frage der *Legitimation* geht: Alle demokratisch nicht direkt legitimierten Amtsträger bedürfen bei Eingriffen in die Freiheitssphäre der Bürger einer materiellen[41] Legitimation durch den die volonté générale am besten repräsentierenden Gesetzgeber, und für die nicht selten existenzvernichtenden Eingriffe der Strafrechtspflege gilt das natürlich ganz besonders. Daß diese notwendige Legitimation strafrichterlicher Entscheidungen durch den Gesetzgeber auch ein sozialpsychologisches Faktum allerersten Ranges ist, darf ich vielleicht, da sich die sozialwissenschaftliche Forschung zu diesem Thema bis heute mehr im theoretisch-spekulativen Raum bewegt[42], mit meinen eigenen praktischen Erfahrungen belegen. Jeder Angeklagte pflegt eine richterliche Entscheidung, die nach seiner Auffassung nicht im Strafgesetz wurzelt, in völliger Übereinstimmung mit den Theoretikern der Aufklärung als Willkür zu empfinden, und umgekehrt fühlt sich kein human denkender Strafrichter dazu legitimiert, das Leben des vor ihm stehenden Angeklagten zu zerstören, wenn er sich nicht als Vollstrecker des legislatorischen Willens dazu verpflichtet weiß.

2. Nach allem ist die *staatsrechtliche* Wurzel des nulla-poena-Satzes durch die Entdeckungen der modernen Methodenlehre zwar vielleicht in ihrer praktischen Reichweite eingeschränkt worden – das werde ich gleich noch genauer untersuchen –, ihr teleologisches Fundament ist dadurch aber eher noch mehr gefestigt worden. Für die *strafrechtliche* Wurzel scheint eine ähnlich positive Bilanz dagegen prima facie ausgeschlossen zu sein. Denn *Feuerbachs* psychologische Zwangstheorie wird heute allgemein als besonders naives Produkt eines überholten Rationalismus angesehen[43], und die

---

[41] D.h. nicht nur ihre Anstellung, sondern auch ihre Entscheidung betreffend. Zur besseren Legitimation des Gesetzgebers gegenüber dem Richter vgl. *Roellecke* VVDStRL 34, 31f.

[42] Vgl. *Habermas*, Legitimationsprobleme im Spätkapitalismus, 1973, passim; *Offe*, Strukturprobleme des kapitalistischen Staates, 1972, S. 27ff.; *Luhmann*, Legitimation durch Verfahren, 1969.

[43] Typisch die apodiktische Feststellung von *Grünwald* ZStW 76, 10; vgl. ferner *Waiblinger* in der Festg. f.d. Schweiz. Juristenverein, 1955, S. 226ff.; *Lange* DRZ 1948, 157; *Bauer*, Das Verbrechen und die Gesellschaft, 1957, S. 182ff.; zur Entwicklung von *Feuerbachs* Theorie vgl. eingehend *Naucke*, Kant und die psychologische Zwangstheorie Feuerbachs, 1962, S. 43ff.

daraus resultierende generalpräventive Strafzwecklehre wurde bis vor kurzem überwiegend skeptisch betrachtet und zumeist neben Schuldausgleich und Spezialprävention allenfalls noch am Rande geduldet[44]. Angesichts der auch von ihren Gegnern anerkannten „unmittelbar einleuchtenden Plausibilität"[45] der generalpräventiven Theorie konnte ihre Renaissance jedoch nur eine Frage der Zeit sein, und so hat denn auch die Einbeziehung verschiedener sozialwissenschaftlicher Ansätze in jüngster Zeit die Generalprävention wie einen Phönix aus der Asche wieder aufsteigen lassen und sie noch weitaus solider zementiert als *Feuerbach* je ahnen konnte. *Haffke*[46] und *Engelhardt*[47] haben nachgewiesen, daß die Idee der Generalprävention von den Erkenntnissen und Hypothesen der *Tiefenpsychologie* nicht etwa in Frage gestellt, sondern auf der Basis der gegenwärtigen Entwicklung von Mensch und Gesellschaft bestätigt und sogar gefordert wird, und zwar sowohl unter dem Gesichtspunkt der Steuerung des bei dem Individuum ablaufenden einzelnen Sozialisationsprozesses als auch unter dem Gesichtspunkt der Erhaltung der Normgeltung innerhalb der Gesamtsozietät[48]. Daß die behavioristische *Lernpsychologie* trotz ihres diametral entgegengesetzten wissenschaftstheoretischen Ausgangspunktes zu genau dem gleichen Ergebnis gelangt, hat unlängst eine Untersuchung von *Breland* er-

---

44 Apodiktisch *Bockelmann*, Vom Sinn der Strafe, Heidelberger Jahrb. 1961, S. 33; zur Unzulässigkeit einer generalpräventiv motivierten Strafschärfung vgl. ferner *Horn* in SK, § 46, Rdnr. 8; *Roxin*, Festschrift f. H. Schultz, 1977, S. 470f. (beide wenden sich allerdings nur gegen die sog. Abschreckungsgeneralprävention); krit. ferner *Stratenwerth*, a.a.O., Rdnr. 42; i.S. einer Rechtfertigung einer „gemäßigten" Abschreckungsgeneralprävention *Maurach-Zipf*, a.a.O., S. 89f.; auch *Baumann*, a.a.O., S. 16f. hat sein Androhungs-Generalpräventionskonzept stark i.S.e. gemäßigten Abschreckungsgeneralprävention modifiziert. W.N. zur Ablehnung der Generalprävention bei *Schmidhäuser*, a.a.O., S. 50, der aber selbst für sie eintritt (a.a.O., S. 50, 52f. m.w.N.); vgl. ferner eingehend *Haffke*, Tiefenpsychologie und Generalprävention, 1976, S. 79ff. m.w.N. pro et contra.

45 Vgl. *Bockelmann*, a.a.O., S. 33; JZ 1951, 495 einerseits, *Hoerster* ARSP 1972, 563 andererseits.

46 a.a.O., S. 57ff., 87ff., 162ff.; vgl. auch *Streng* MschrKrim 1976, 81, 86f.

47 Psychoanalyse der strafenden Gesellschaft, 1976, S. 212ff. Zu *Engelhardts* utopischen Vorschlägen für eine Überwindung des von ihm gegenwärtig für unausweichlich, aber illegitim gehaltenen generalpräventiven Einsatzes des Strafrechts vgl. die Kritik bei *Streng* MschrKrim 1976, 371f.

48 Vgl. etwa *Haffke*, a.a.O., S. 81f., 104, 140f. u.ö.

geben[49], und *Jakobs* hat schließlich sogar unter Anknüpfung an *Luhmanns* systemtheoretische Reformulierung dieser psychologischen Erkenntnisse[50] den Spieß endgültig umgedreht und den herkömmlich dominierenden Schuldbegriff dem übergreifenden telos der Generalprävention untergeordnet[51].

Danach läßt sich die *strafrechtliche* Wurzel des nulla-poena-Satzes heute wie folgt umschreiben: In dem gesellschaftlichen Subsystem „Strafrechtspflege" werden Sanktionen angedroht, verhängt und vollstreckt, um entweder bestimmte sozial erwünschte Verhaltensdispositionen in der Gesellschaft erstmals *durchzusetzen* – so etwa bei der Kriminalisierung der Unfallflucht und der unterlassenen Hilfeleistung, der Wirtschafts- und Umweltschutzdelikte – oder aber um bereits bestehende Verhaltensdispositionen zu *stabilisieren* – so in dem klassischen Bereich des Kernstrafrechts[52]. *Androhung* und *Zufügung* des Strafübels dienen dabei gleichermaßen zur Regulierung der sozialen Verhaltensdispositionen. Bezüglich der *Androhung* wird dabei der Präventionseffekt des von alters her ethisch fundierten Kernstrafrechts schon durch die *Norminternalisierung* im Sozialisationsprozeß

---

49 Lernen und Verlernen von Kriminalität, 1975; vgl. auch die Ansätze bei *Haffke*, a.a.O., S. 154ff. *Breland* distanziert sich zwar von der generalpräventiven Straftheorie (a.a.O., S. 75f.), liefert aber durch den Hinweis auf das Beobachtungslernen (sog. Lernen am Modell) und auf die Notwendigkeit eines wirksamen aversiven Stimulus (a.a.O., S. 70ff., 80ff.) in Wahrheit eine lerntheoretische Rechtfertigung der Generalprävention, die sich sogar noch verstärkt, wenn man drei von Breland nicht beachtete Aspekte hinzunimmt; erstens den Lernerfolg bei der au fond rechtstreu gesinnten Mehrheit, zweitens die Verdrängung der Delinquenz in die Heimlichkeit, wodurch ein „Beobachtungslernen" der Kriminalität zumindest erschwert wird; und drittens (wichtig für die Androhungsgeneralprävention!) die Generalisierung der zumindest am Modell kennengelernten Strafe als dem „aversiven Stimulus" und ihre Antizipation bei noch nicht geübtem delinquenten Verhalten.

50 Rechtssoziologie I, 1972, S. 55, 58ff.; Legitimation durch Verfahren, 1969, S. 235.

51 Schuld und Prävention, 1976, S. 10f., 32f. und passim. Vorher schon ähnlich *Roxin*, Kriminalpolitik und Strafrechtssystem, 2. Aufl. 1973, S. 33ff.; Festschrift f. Henkel, 1974, S. 181ff.; neuestens in Festschrift f. Hans Schultz, 1977, S. 470ff.; zust. nunmehr auch *Baumann*, AT, S. 16f.

52 Eigenartigerweise überwiegt bei allen modernen Rechtfertigungen der Generalprävention die Abschreckungsgeneralprävention durch Sanktionsverhängung; die Androhungsprävention ist aber deren logische Voraussetzung, s.i.f. im Text.

vermittelt[53], während im Wirtschaftsstrafrecht und den anderen nach der gegenwärtigen Kulturentwicklung noch nicht internalisierbaren Normbereichen nur die *bewußte* bzw. zumindest im Bewußtsein realisierbare *Konfrontation* mit der Strafdrohung einen Präventionseffekt auslöst; für diesen Sektor ist daher allen gegenteiligen Behauptungen zum Trotz auch heute noch *Feuerbachs* rationalistisches Konzept unmittelbar gültig. Und bezüglich der Straf*verhängung* folgt aus der damit bezweckten Normbekräftigung, daß eine *vor* der Tat erkennbare Strafandrohung nicht beachtet worden sein muß; denn nur dann ist eine durch das Strafrecht begründete *normative* Erwartung enttäuscht worden[54], zu deren Stabilisierung pro futuro eine systemkongruente Sanktion erforderlich ist.

Zusammenfassend lassen sich damit zwei moderne Aspekte der strafrechtlichen Wurzel des Art. 103 Abs. 2 GG unterscheiden: Im Bereich des internalisierten Kernstrafrechts setzt die Strafverhängung deswegen die Nichtbeachtung einer erkennbaren Strafandrohung voraus, weil sie sonst nicht als kontrafaktische Bestätigung eines enttäuschten normativen Vertrauens erlebt werden kann und infolgedessen sonst nicht die vorhandene Rechtstreue der Bevölkerung zu stabilisieren vermag. Im Bereich der noch nicht internalisierungsfähigen Neukriminalität ist die erkennbare Strafandrohung hingegen sogar unabdingbare Voraussetzung für den erstmaligen Aufbau einer rechtstreuen Verhaltensdisposition, weil sonst nicht einmal eine Androhungsprävention existiert. Und daraus folgt der allgemeine Satz, daß eine Strafe nur dann verhängt werden kann, wenn wenigstens die *Möglichkeit* bestand, daß der Täter durch die Strafandrohung zu rechtstreuem Verhalten motiviert werden konnte.

---

53 Vgl. dazu aus dem strafrechtl. Schrifttum *Amelung*, Rechtsgüterschutz und Schutz der Gesellschaft, 1972, S. 291 ff. (dessen Schlußfolgerungen für die Abgrenzung von Kriminal- und Ordnungswidrigkeitenrecht freilich zweifelhaft sind, denn das Strafrecht hat ggf. auch die – etwa bei den §§ 142, 330c erfüllte – Aufgabe zu übernehmen, die Norminternalisierung zu schaffen oder mindestens zu unterstützen); ferner etwa *Schroeder* in LK, 9. Aufl., § 59, Rdnr. 165, der die Androhungsprävention hierauf beschränkt. Die sozialwissenschaftl. Untersuchungen zum Sozialisationsprozeß sind Legion, vgl. dazu nur *Irle*, a.a.O., S. 204ff. m. zahlr. Nachw.; *Wurzbacher* (Hrsg.), Die Familie als Sozialisationsfaktor, 2. Aufl. 1977; zur Rolle des Sozialisationsprozesses bei der Erklärung von Kriminalität vgl. nur *Kaiser*, Kriminologie, 3. Aufl. 1976, S. 189f. m.w.N. (zit. nach der utb-Ausgabe).

54 Vgl. dazu *Jacobs*, a.a.O., S. 10.

3. Die klassische teleologische Fundierung des nulla-poena-Satzes ist daher durch die modernen rechtstheoretischen und sozialwissenschaftlichen Erkenntnisse nicht aufgehoben, sondern nur modifiziert worden. Bevor ich nunmehr auf dieser Grundlage die einzelnen Konkretisierungen durchmustere, muß ich noch kurz auf die übrigen in der heutigen Diskussion vertretenen normativen Rechtfertigungen eingehen.

a) Der vor allem von *Sax*[55] vertretenen Auffassung, Art. 103 Abs. 2 GG sei eine Konsequenz des *Schuldprinzips*, ist schon wiederholt entgegengehalten worden, daß der Schuldvorwurf nur die Erkennbarkeit des Unrechts, nicht aber die Erkennbarkeit der Strafe voraussetze[56]. Nachdem nunmehr auch der Gesetzgeber diesen Standpunkt in § 17 StGB bekräftigt hat[57], steht in der Tat außer Zweifel, daß Art. 103 GG eine über das Schuldprinzip hinausgehende Garantie aufstellt.

b) *Grünwald* hat den Sinn des Art. 103 GG vor allem auch darin gesehen, daß die Entscheidung über die Strafbarkeit nicht unter dem *Eindruck eines* konkreten *Einzelfalles* und der dadurch heraufbeschworenen Emotionen gefällt werden sollte[58]. Aber dieser Hinweis stellt von vornherein keine dritte Wurzel, sondern allenfalls einen zusätzlichen Aspekt der liberal-rechtsstaatlichen Begründung von nulla-poena dar; denn wie *Schreiber*[59] gezeigt hat, war schon der Gesetzesbegriff der Aufklärung auch zur Verhinderung retroaktiver und einzelfallbezogener Rechtsschöpfung konzipiert worden. Außerdem wird *Grünwalds* Deutung sowohl durch die moderne Rechtstheorie als auch durch die heutige Gesetzgebungspraxis widerlegt. Denn daß

---

55 In *Bettermann-Nipperdey-Scheuner* (Hrsg.), Die Grundrechte III/2, 1959, S. 999; zust. etwa *Dürig* in Maunz-Dürig-Herzog, Grundgesetz, Band III, Art. 103 Rdnr. 104.

56 *Grünwald,* ZStW 76, 11f.; *Schreiber,* a.a.O., S. 209ff. m.w.N.; zweifelnd *Schroeder* in LK, § 59 Rdnr. 245ff.; vgl. ferner *Haffke*, Das Rückwirkungsverbot des Art. 103 II GG bei Änderung der Rechtsprechung zum materiellen Recht, Göttinger jur. Diss. 1970, S. 161ff.

57 a.M. *Otto* (Grundkurs Strafrecht, Allg. Strafrechtslehre, 1976, S. 103ff., 196f., 207ff.) und *Langer* (GA 1976, S. 193ff.), deren Auffassung angesichts des eindeutigen legislatorischen Willens aber nur dann vertretbar wäre, wenn § 17 StGB verfassungswidrig wäre – was sich schwerlich nachweisen lassen wird.

58 ZStW 76, 14ff.

59 Gesetz und Richter, S. 57ff.; zur Entwicklung des Gesetzesbegriffs von *Hobbes* über *Locke* zu *Rousseau* vgl. auch *Starck,* Der Gesetzesbegriff des Grundgesetzes, 1970, S. 116ff.

der Strafbarkeitsbereich unter dem Eindruck des zur Entscheidung anstehenden konkreten Falles konkretisiert wird, ist bei der auch von *Grünwald* dem Richter zugestandenen Gesetzesauslegung gang und gäbe und wurde hier sogar von der Hermeneutik zum Mittelpunkt einer ganzen Rechtsgewinnungstheorie gemacht[60]. Und auch der Gesetzgeber ist mehr und mehr dazu übergegangen, unter dem Eindruck *aktueller* Geschehnisse das Strafgesetzbuch „anzupassen"[61].

c) Zu guter Letzt wird Art. 103 GG in Literatur und Judikatur auch häufig mit dem Gedanken des *Vertrauensschutzes*, d.h. der subjektiven Voraussehbarkeit und Berechenbarkeit des Rechts durch den Staatsbürger, erklärt[62]; auch das BVerfG hat sich diese Auffassung zu eigen gemacht[63]. Das ist sicher nicht falsch, bedeutet aber letztlich nur eine subjektive Reformulierung der zuvor dargelegten objektiven Garantien und fügt ihnen deswegen keinen substantiell neuen Schutzbereich hinzu. Dieser Ansatz kann daher einstweilen außer Betracht bleiben, wird uns aber später noch beschäftigen, weil er nämlich vom BVerfG zunehmend als Legitimation für eine Aushöhlung des nulla-poena-Prinzips benutzt wird.

4. Nachdem damit der teleologische Hintergrund des Art. 103 Abs. 2 GG hinreichend ausgeleuchtet ist, gilt es nunmehr, seine herkömmlichen fünf Konkretisierungen an den soeben erzielten Ergebnissen zu messen. Allerdings ist von den hierfür benötigten Prämissen immer noch eine offen, weil ich nämlich das Rangverhältnis zwischen den beiden Wurzeln von

60 Basisschriften: *Arth. Kaufmann*, Analogie und „Natur der Sache", 1965; *ders.*, Festschr. f. Gallas, 1973, S. 7ff.; *Hruschka*, Die Konstitution des Rechtsfalles, 1965; *ders.*, Das Verstehen von Rechtstexten, 1972; *Hassemer*, Tatbestand und Typus, 1968; vgl. bereits *Engisch*, Logische Studien zur Gesetzesanwendung, 3. Aufl. 1963, S. 15.

61 Besonders deutlich bei den verschiedenen leges Baader-Meinhof, s. nur die Einfügung der §§ 88a, 130a und die Neufassung der §§ 126, 138, 139, 140, 241 StGB durch das 14. StÄG v. 22.4.1976 (BGBl I, 1056) und die durch das sog. Antiterrorismusgesetz v. 18.8.1976 (BGBl I, 2181) neu eingefügten bzw. geänderten Vorschriften der §§ 129a, 138 StGB, §§ 112, 138a, 148, 148a StPO, §§ 120 I, 142a GVG; vgl. auch die Kritik von *Dahs* NJW 1976, 2145.

62 Nachw. bei *Schreiber* ZStW 80, 350; Gesetz und Richter, S. 214; eingehend etwa *Tiedemann*, Tatbestandsfunktionen im Nebenstrafrecht, 1969, S. 190ff., 204ff. Auch der neuestens von *Krey* (Studien zum Gesetzesvorbehalt im Strafrecht, 1977, S. 206ff.) hervorgehobene, etwas unspezifische Grundgedanke des „Schutzes der individuellen Freiheit vor richterl. Willkür" ist wohl in diesen Zusammenhang einzuordnen.

63 BVerfGE 13, 271; 14, 297; 15, 324; 25, 285; 26, 42; 37, 207.

nulla-poena noch nicht bestimmt habe. Insoweit sind drei Standpunkte vertretbar: Ein Verstoß gegen Art. 103 GG könnte entweder nur bei einer *kumulativen* Verletzung beider Schutzzwecke angenommen werden oder aber schon bei der *alternativen* Verletzung eines einzigen Schutzzweckes oder schließlich nur bei Verletzung eines *dominierenden* Schutzzweckes, gegenüber dem der andere in jeder Hinsicht subsidiär wäre.

Da insoweit eine konkrete Stellungnahme des Grundgesetzgebers nicht feststellbar ist und die Entscheidung zwischen den drei Möglichkeiten damit nicht stringent begründet, sondern nur in einer mit dezisionistischen Elementen durchsetzten Argumentation plausibel gemacht werden kann[64], letztlich also erst durch einen Machtspruch des für die Grundgesetzkonkretisierung in letzter Instanz zuständigen BVerfG gefällt wird, möchte ich im Interesse einer allseits konsensfähigen Grundlage im folgenden von der engsten, und das heißt: von der *Kumulationsthese* ausgehen, derzufolge nur eine Verletzung *beider* Schutzzwecke die Verfassungswidrigkeit begründen kann.

IV.

1. Lassen Sie mich zunächst das *Analogieproblem* hieran messen. Es liegt auf der Hand, daß der Richter bei der analogen Rechtsanwendung echte Normschöpfung betreibt und damit Aufgaben des Gesetzgebers usurpiert, für die ihm bei einer strikten Durchführung der Gewaltenteilung jede Legitimation fehlt. Zugleich können die Normen, die ja erst durch den dezisionistischen Akt der Analogiefindung im richterlichen Urteil zur Entstehung gelangen, im Augenblick der Tat noch keine generalpräventive Wirkung entfalten. Da eine Analogiebildung in malam partem infolgedessen gegen beide Schutzrichtungen des nulla-poena-Satzes verstößt, könnte man sie allein dann noch retten, wenn die traditionelle Unterscheidung von Auslegung und Analogie rechtstheoretisch unhaltbar und die Analogie in Wahrheit mit der teleologischen Auslegung identisch wäre. Diese revolutionierende These ist erstmals von *Sax* aufgestellt und damit begründet worden, daß die Analogie, verstanden als die Übereinstimmung des nach dem Gesetzeswortlaut vordergründig geregelten Falles und des ihm zugeordneten

---

64 Näher zu dieser Form der Rechtsfindung § 9 *meiner* demnächst erscheinenden Münchener Habilitationsschrift „Die vier Stufen der Rechtsgewinnung".

nicht geregelten Falles in dem tertium des teleologisch ermittelten Gesetzessinnes, ein ausschließlich im Bereich der teleologischen Gesetzesauslegung stattfindendes logisch-rechtliches Schlußverfahren sei[65]. Mochte diese Begründung auch noch einen verdächtig zirkulären Eindruck machen, weil bei dem alleinigen tertium comparationis des teleologischen Gesetzessinnes natürlich im Rahmen der teleologisch gleich strukturierten Fälle per definitionem nicht weiter unterschieden werden kann, so hat doch inzwischen *Arthur Kaufmann* diesen Mangel zu heilen versucht. Der „mögliche Wortsinn", der nach herkömmlicher Auffassung als selbständiges Kriterium hinzukommen und die Grenze zwischen Auslegung und Analogie markieren soll[66], kann dies nämlich nach *Kaufmanns* Auffassung deswegen nicht leisten, weil es eine solche *Wortlautgrenze* ontologisch überhaupt nicht geben könne. Ein sinnerfüllter Begriff sei niemals eindeutig, sondern immer analogisch, und jede Interpretation sei deswegen nichts anderes als Analogiebildung, so wie das gesamte Verfahren der Rechtsfindung ja auch analogischen Charakter habe[67]. Zwar will *Kaufmann* deswegen den nulla-poena-Satz nicht schlechthin preisgeben, sondern nur durch eine einigermaßen zuverlässige Grenzziehung *innerhalb* der Analogie verwirklichen[68]. Wie das geschehen soll, erfahren wir aber nicht bei ihm, sondern erst bei seinem Schüler *Hassemer,* der dem nullum-crimen-Gebot dadurch innerhalb des Auslegungsverfahrens Rechnung tragen will, daß eine „unzulässig übertrieben extensive" Interpretation verboten sein soll[69]. Aber schon die Häufung generalklauselartiger Adverbien zeigt, daß diese angebliche Grenze in Wahrheit völlig ungreifbar ist, und *Schmidhäuser* hat denn auch die Konsequenzen

---

65 Das strafrechtliche Analogieverbot, 1953, S. 147f.; ferner in *Bettermann-Nipperdey-Scheuner,* a.a.O., S. 992ff.; ebenso *Heller,* Logik und Axiologie der analogen Rechtsanwendung, 1961, S. 135ff.; w.N.b. *Arth. Kaufmann,* Rechtsphilosophie im Wandel, 1972, S. 277.

66 *Jescheck,* Studium Generale, 1959, S. 113; *Engisch,* Einführung in das juristische Denken, 6. Aufl. 1975, S. 82ff. m.w.N.; *Baumann,* MDR 1958, 394ff.; *Jescheck,* AT, S. 124f.; *Maurach-Zipf,* a.a.O., S. 133f.; *Schönke-Schröder-Eser,* a.a.O., § 1, Rdnr. 62f; *Schreiber* in SK, § 1, Rdnr. 24; s.a. BGHSt 4, 148; 8, 70; 10, 159f., 375f.

67 Analogie und „Natur der Sache", zitiert aus: Rechtsphilosophie im Wandel, 1972, S. 278f., 305f.

68 a.a.O., S. 277, 279f.

69 Tatbestand und Typus, S. 162ff., 165; zust. etwa *Straßburg,* Analogieverbot – Formalgrenze oder Wertungsgrenze?, Tübinger jur. Diss. 1974, S. 108f. und passim.

dieser von ihm selbst geteilten Auffassung ohne jeden Beschönigungsversuch eingeräumt: Das Analogieverbot wird dabei auf einen Appell an den Richter reduziert, nur nach bestem Wissen und Gewissen zu entscheiden[70]. Angesichts dieses doch etwas kläglichen Ergebnisses nimmt es nicht weiter wunder, daß die herrschende Meinung[71] das Analogieverbot verbal noch nicht preisgegeben hat, auch wenn sie sich, wie zu Beginn dargelegt, im Einzelfall darum herzlich wenig kümmert und die Thesen von *Sax*, *Kaufmann*, *Hassemer* und *Schmidhäuser* bis heute nicht substantiiert zu widerlegen versucht hat. Dabei ist diese Widerlegung nicht einmal besonders schwierig, sofern man nur jene grundlegende wissenschaftstheoretische und sprachphilosophische Unterscheidung heranzieht, mit deren Hilfe schon die berühmten Paradoxien des griechischen Altertums aufgelöst werden konnten und vor der auch das vorliegende Paradoxon des ebenso notwendigen wie scheinbar undurchführbaren Analogieverbotes auf der Stelle verschwindet. Ich meine damit die Unterscheidung von *Objektsprache* und *Metasprache*, d.h. zwischen einer ersten Sprache, in welcher *Aussagen über bestimmte Gegenstandsbereiche* getroffen werden, und einer zweiten Sprache, in welcher *Aussagen über die Sätze dieser ersten Sprache* formuliert werden[72]. *Objektsprache* ist in unserem Zusammenhang die *juristische Fachsprache*, die sich zwar der Termini der Umgangssprache bedient, mit diesen aber eine eigene Bedeutung verbindet, die durch eine spezifisch juristische Sinngebung, nämlich durch eine zunächst historisch-hermeneutische und sodann teleologisch-wertende Betrachtungsweise[73], entsteht. Der Gesetzgeber bedient sich dieser juristischen Fachsprache, die wir dadurch aufschlüsseln, daß wir ihren nach juristischen Kriterien ermittelten Sinn in unsere *Umgangssprache* als *Metasprache* übersetzen. Und während es im Rahmen ein und derselben Sprachebene natürlich keine Wortlautgrenze geben kann, weil die Bedeutung eines Wortes nach der berühmten

70 Vgl. Strafrecht AT, S. 112; ähnlich „bescheiden" *Starck* VVDStRL 34, 80.

71 Vgl. die Nachw. in Fn. 66, ferner bei *Dreher*, a.a.O., § 1, Rdnr. 10; *Schmidhäuser*, a.a.O., S. 99ff.; vgl. aber auch die Kritik an *Sax* von *Naucke*, Zur Lehre vom strafbaren Betrug, 1964, S. 196ff., sowie neuestens *Krey*, a.a.O., S. 140ff.; 146ff.

72 Vgl. dazu *Stegmüller*, Das Wahrheitsproblem und die Idee der Semantik, 2. Aufl. 1968, S. 38ff.; *ders.*, Hauptströmungen der Gegenwartsphilosophie I, 4. Aufl. 1969, S. 415; *ders.*, Wissenschaftl. Erklärung und Begründung, Nachdr. 1974, S. 30ff.; *Seiffert*, Einführung in die Wissenschaftstheorie 1, 3. Aufl. 1971, S. 73ff.

73 Näher dazu demnächst *meine* „Vier Stufen der Rechtsgewinnung", §§ 5-10.

Formulierung *Wittgensteins*[74] mit seinem Gebrauch in der Sprache identisch ist, wird durch die Eigenart, daß die juristische Fachsprache zwar die termini, aber nicht automatisch auch die Bedeutungen der Umgangssprache entlehnt, plötzlich das Gegenteil möglich. Wir können jetzt nämlich die teleologisch-analogisch strukturierte Auslegung der Rechtsbegriffe, die *Sax* und *Arthur Kaufmann* allein im Sinne hatten, mit dem gänzlich anderen Kriterien unterliegenden Umgangssprachgebrauch der betreffenden termini konfrontieren und auf diese Weise ohne die geringste logische Schwierigkeit das System der strafrechtlichen Rechtsfindung durch das heteronome System des natürlichen Sprachgebrauchs begrenzen.

Die behauptete rechtstheoretische Identität von teleologischer Auslegung und Analogie beruht daher auf einem Irrtum. Allerdings könnte das Analogieverbot, mag es somit auch logisch durchführbar sein, dennoch teleologisch verfehlt erscheinen, weil ja nach der modernen Erkenntnis auch bei der Gesetzesauslegung *innerhalb* der sog. Wortlautgrenze Dezisionsspielräume bestehen, die erst im jeweiligen Strafurteil ausgefüllt werden, so daß die generalpräventive Wirkungsmöglichkeit der Strafnorm im Augenblick der Tat entsprechend geschwächt wird. Aber auch dieser Einwand dringt nicht durch. Denn *erstens* besteht bei einer Gesetzeskonkretisierung innerhalb der Wortlautgrenze vermöge des umgangssprachlichen und daher jedem Bürger verständlichen Bedeutungsrahmens immerhin die Möglichkeit einer dem Bürger qua Risikoabschätzung zugänglichen Generalprävention, während die juristische Vergewaltigung der Umgangssprache qua Analogie den Bürger niemals motivieren kann und von ihm als blanke Willkür empfunden wird (das zeigt sich sehr schön daran, daß die Bevölkerung gerade die teleologische Umbiegung der Umgangssprache als typische Rechtsverdreherei empfindet). Und *zweitens* ist die Unaustilgbarkeit von Auslegungsspielräumen intra legem rechtstheoretisch vorgegeben und daher durch keine noch so strenge Gewaltenteilung auszumerzen, wohingegen die Analogie praeter legem allemal einen Übergriff der Judikative auf die Legislative bedeutet.

Das *Analogieverbot* im Strafrecht ist daher *logisch durchführbar* und *teleologisch sinnvoll*, so daß seine Herleitung aus Art. 103 Abs. 2 GG als schlechthin zwingend angesehen werden muß. Abschließend bleibt freilich zu prüfen, ob die praktischen Konsequenzen den bisher betriebenen methodologischen Aufwand auch lohnen oder ob nicht vielleicht die Po-

74 Philosophische Untersuchungen, Nr. 43 (in: Schriften I, 1969).

rosität der Umgangssprache und die daraus folgende Unbestimmtheit der „Wortlautgrenze" trotz des Kreißens der rechtstheoretischen Gipfel doch nur die Geburt einer kümmerlichen Maus gestattet haben.

Auch diese letzten Bedenken lassen sich aber sowohl in theoretischer als auch in praktischer Hinsicht leicht zerstreuen. Denn die semantische Unschärfe der Umgangssprache bedeutet ja nicht etwa, daß sie völlig unbrauchbar ist. Es ist eine von jedem von uns ständig gemachte Erfahrung, daß die umgangssprachliche Verständigung im Normalfall keinerlei Schwierigkeiten bereitet, und niemand anders als *Wittgenstein,* der heute so gerne als Kronzeuge für die rechtsmethodologische Unbrauchbarkeit der Umgangssprache angeführt wird[75], hat ihre Tauglichkeit für den Regelfall ausdrücklich bestätigt[76]. Im Rahmen des Analogieverbotes wird das Problem weiter dadurch entschärft, daß wir ja für alle Zweifelsfälle die eindeutige Entscheidungsregel besitzen, erst bei einer *Überschreitung* der Wortlautgrenze, d.h. wenn der breite Grenzgürtel des noch möglichen Umgangssprachgebrauchs verlassen ist, eine Verletzung von Art. 103 Abs. 2 GG zu bejahen.

Daß sich infolgedessen in zahlreichen Fällen eine Überschreitung der Wortlautgrenze mit aller wünschenswerten Sicherheit feststellen läßt, zeigen bereits die zu Beginn meines Vortrages zusammengestellten Beispiele. Die quantitative Frage, wieviele Mitglieder eine Zusammenrottung nach § 122 oder eine Bande nach § 244 haben muß, mag zwar angesichts der qualitativen Struktur der korrespondierenden umgangssprachlichen Begriffe etwa bei drei Personen noch in deren unscharfem Grenzbereich liegen; bei zwei Personen ist der Boden des möglichen Sprachgebrauchs

---

75 Vgl. etwa *Haft* JuS 1975, 482f. Wenn *Haft* die hier vorgenommene Qualifikation der juristischen Fachsprache als der Objekt- und der Umgangssprache als der Metasprache (ebenso *Wagner-Haag,* Die moderne Logik in der Rechtswissenschaft, 1970, S. 19) mit der Begründung verwirft, daß sie zu formal sei und daß eine Fachsprache nur aus normierten Termini bestehen dürfe (a.a.O., S. 482 m. Fn. 57), so übersieht er, daß die Kontextunabhängigkeit keine notwendige Voraussetzung einer Fachsprache (vgl. *Popper,* Die offene Gesellschaft und ihre Feinde, 2, 4. Aufl. 1975, S. 26) und für das Verhältnis Objekt-/Metasprache überhaupt irrelevant ist.

76 Philosophische Untersuchungen, Nr. 79f., 87f.; die Unschädlichkeit der ontologisch vorgegebenen Unschärfe unserer sprachlichen Mittel für die Wissenschaft betonen zu Recht auch *Popper,* a.a.O., S. 26ff.; *Schaff,* Sprache und Erkenntnis, 1974, S. 220, 240ff.

aber eindeutig verlassen[77], und die qualifizierte Bestrafung solcher nur aus zwei Mitgliedern bestehenden Pseudorotten und -banden durch den BGH verstößt daher ungeachtet ihrer etwaigen teleologischen Überzeugungskraft gegen das Analogieverbot. Daß man bei einem sich erst abzeichnenden freien Selbstmord nicht von einem Unglücksfall und bei einem Lastwagen nicht von einem bespannten Fuhrwerk sprechen kann, scheint mir ebenso evident zu sein[78], und daß das Hinwegeskamotieren des Gewahrsamserfordernisses in § 246 den Umgangssprachgebrauch eklatant mißachtet, wird von den Vertretern der sog. berichtigenden Auslegung sogar ausdrücklich eingeräumt[79].

Das Analogieverbot ist also einerseits ohne Schwierigkeiten exekutierbar, andererseits aber wegen des jedem umgangssprachlichen Begriff zukommenden Grenzgürtels, des Begriffshofes i.S. *Philipp Hecks*[80], auch flexibel genug, um eine unerträgliche Petrifizierung jeder Unbedachtsamkeit des Gesetzgebers zu vermeiden. Ein Beispiel dafür bietet die Neufassung des Hehlereitatbestandes, wo der Gesetzgeber den alten Wortlaut „wer zum Absatz der Sache mitwirkt“ durch die nach seinem Willen gleichbedeutende[81] Wendung „wer die Sache absetzt oder absetzen hilft“ präzisieren wollte. In der Literatur wurde dann aber gerade unter Berufung auf die Wortlautgrenze behauptet, daß der Gesetzgeber dennoch (ohne es zu merken) den Gesetzesinhalt verändert habe, weil das Tatbestandsmerkmal des Absetzens der Sache nunmehr nach dem natürlichen Sprachgebrauch die Vollendung des Absatzes erfordere und nicht wie das bisherige „Mit-

---

77 Vgl. *Duden*, Vergleichendes Synonymwörterbuch, 1964, Stichwort Bande; *Grimm*, Deutsches Wörterbuch, Stichwort Bande, Rotte, Zusammenrotten.

78 Wenn der BGH sich in BGHSt 10, 375f. offenbar von dem Bestreben leiten ließ, die Bestrafung des Forstdiebstahls an die durch die Erfindung des Kraftfahrzeuges eingetretene Änderung der Verhältnisse anzupassen, so kann dies die Verletzung von Art. 103 II GG deshalb nicht rechtfertigen, weil die gesellschaftlichen Verhältnisse einer ständigen Wandlung unterworfen sind und die Strafgesetze deswegen theoretisch permanent „angepaßt" werden müßten; z.B. könnte man dann das Gesetz auch in die Richtung „anpassen", daß Holzdiebstahl heute nicht mehr so schlimm erscheint wie früher, weil die Leute mit Öl heizen o.ä. Von einer Bindung des Richters ans Gesetz bliebe dann nichts mehr übrig.

79 Vgl. *Binding*, Lehrbuch des Gemeinen Deutschen Strafrechts, BT I, 2. Aufl. 1902, S. 275f.; *Welzel*, a.a.O., S. 339f.

80 AcP 112, 46, 173.

81 Vgl. BT-Drucksache VII/550, S. 253.

wirken zum Absatz" schon bei jeder auf Absatz gerichteten Tätigkeit erfüllt sei[82]. Das klingt zunächst überzeugend, ist es aber in Wahrheit nicht, denn die Notwendigkeit eines Erfolgseintrittes ist nur dann sprachlich eindeutig gekennzeichnet, wenn als Tempus das Perfekt „abgesetzt hat" benutzt wird, während das in § 259 vorzufindende Präsens auch die schlichte Handlung mit Erfolgstendenzen bedeuten kann. Weil nach dem natürlichen Wortsinn infolgedessen beide Auslegungen möglich sind, war der BGH somit entgegen der h. L. durch die Wortlautgrenze nicht gehindert, die bisherige Interpretation des § 259 in Übereinstimmung mit dem Willen des Gesetzgebers beizubehalten[83].

V.

Soviel zum Analogieverbot als der ersten Konkretisierung des nulla-poena-Satzes. Bei der zweiten Konkretisierung, dem *Verbot strafbegründenden Gewohnheitsrechts,* kann ich mich kürzer fassen. Denn es folgt zwingend sowohl aus der rechtsstaatlich-liberalen Garantie, daß in die Rechtssphäre des Bürgers nur auf Grund eines förmlichen Gesetzes eingegriffen werden darf, als auch aus der strafrechtlichen Garantie der Generalprävention, weil eine Norm des Gewohnheitsrechts für den einzelnen vor der Tat nicht hinreichend sicher erkannt werden kann. Außerdem schließt nach einhelliger Auffassung schon der im allgemeinen Rechtsstaatsprinzip enthaltene Grundsatz des Gesetzesvorbehalts das nachkonstitutionelle Gewohnheitsrecht als staatliche Eingriffsgrundlage schlechthin aus[84], so daß dies für strafrechtliche Eingriffe erst recht gelten muß. Und von diesem Grundsatz kann man auch für die Normen des Allgemeinen Teils keine Ausnahmen machen, denn sie unterscheiden sich von den Normen des BT ja nur durch ihren höheren Abstraktionsgrad und können daher allenfalls im Rahmen des Bestimmt-

---

[82] Vgl. *Küper* JuS 1975, 634ff.; *Stree* JuS 1976, 142ff.

[83] Vgl. BGHSt 27, 45, 50. Zwar trifft es zu, daß der Gesetzgeber das Präsens bei transitiven Verben regelmäßig zur Bezeichnung der Erfolgsherbeiführung verwendet (vgl. etwa §§ 212, 223). Aber das ist ein rein systematisches Argument, das infolgedessen nicht an der absoluten Verbindlichkeit der Wortlautgrenze teilhat und durch die übergeordnete historische Auslegung (vgl. dazu *meine* Vier Stufen der Rechtsgewinnung, § 6 III a.E.) entkräftet wird.

[84] Vgl. BVerfGE 22, 121; 28, 28.

heitsgrundsatzes, nicht aber im Rahmen der anderen Garantien eine Sonderrolle beanspruchen. Ich habe das früher schon einmal für die unechten Unterlassungsdelikte im einzelnen dargelegt[85] und kann deshalb wohl heute auf eine Wiederholung verzichten.

VI.

Das *Rückwirkungsverbot* als nächste Konkretisierung läßt sich von der strafrechtlichen Wurzel des nulla-poena-Satzes her am einfachsten begreifen, denn eine noch nicht existente Norm kann natürlich auch keine generalpräventive Wirkung entfalten. Die Verbindung mit der staatsrechtlichen Wurzel ist nicht ganz so evident, weil es hier scheinbar nicht um Freiheitsverbürgung durch Gewaltenteilung, sondern um eine bloße Beschränkung des Gesetzgebers selbst geht. Die Brücke wird hier aber schließlich über den schon in der Aufklärung konzipierten rechtsstaatlichen Gesetzesbegriff geschlagen, der das Gesetz als die Regelung einer unbestimmten Vielzahl künftiger Fälle versteht und jede Regelung konkreter Einzelfälle durch ein heute sog. Maßnahmegesetz verpönt[86]. Und von daher wird sofort deutlich, daß auch dieser Punkt letztlich die Sicherung der *Gewaltenteilung* betrifft, und zwar dieses Mal durch Verhinderung von *Übergriffen des Gesetzgebers* auf das Gebiet der Justiz. Die Entscheidung konkreter Fälle muß danach allein Sache der Judikative bleiben, wenn der Gesetzgeber nicht zum Moloch werden soll, dessen Willkür die bürgerliche Freiheit verschlingt; und gerade eine solche Entscheidung über abgeschlossen vorliegende Sachverhalte würde im Falle einer rückwirkenden Strafgesetzgebung usurpiert[87].

2. Nach dieser Klärung der das Rückwirkungsverbot bestimmenden Grundlagen fällt eine Stellungnahme zu den von mir anfangs geschilderten Problemkonstellationen nicht weiter schwer.

---

[85] Grund und Grenzen der unechten Unterlassungsdelikte, S. 61ff.

[86] Vgl. *Schöckel,* a.a.O., S. 74ff.; *Schreiber,* Gesetz und Richter, S. 53ff.

[87] Die von *Grünwald* (ZStW 76, 14ff.) in den Vordergrund gestellte Schutzfunktion, daß eine Beeinflussung der Rechtssetzung durch die emotionale, einer nüchternen Prüfung oft nicht standhaltende Wirkung begangener Taten verhindert werden solle, ist demgegenüber nur von sekundärer Bedeutung; vgl. zur Kritik i.ü. bereits o. III 3b).

a) Die *Verlängerung der Verjährungsfrist* für die unter dem Naziregime begangenen Morde war mit Art. 103 Abs. 2 GG *nicht* zu vereinbaren. Die gegenteilige Entscheidung des BVerfG, die vor allem auf der Unterscheidung zwischen der Strafbarkeit und der Verfolgbarkeit einer Tat beruht[88], hält einer kritischen Überprüfung an dem kumulativen Schutzzweck des nulla-poena-Satzes nicht stand. Die Zuordnung der Verjährungsvorschriften zur bloßen Verfolgbarkeit und damit ausschließlich zum Prozeßrecht spielt nämlich – ganz abgesehen davon, daß sie ebenso zweifelhaft wie umstritten ist[89] – vor dem Schutzzweck von Art. 103, Maßnahmegesetze in Strafsachen absolut auszuschließen, überhaupt keine Rolle: Der Gesetzgeber hat durch die Verlängerung der Verjährungsfrist fertig vorliegende Straftaten einer gezielten Sonderbehandlung unterworfen und die staatliche Strafgewalt nicht für denkbare, sondern für vorhandene Straftaten zeitlich erweitert, und darin kann infolgedessen keine abstrakt-generelle Rechtssetzung im klassisch-rechtsstaatlichen Sinne gesehen werden.

Daß eine nachträgliche Verlängerung der Verjährungsfrist daneben auch die Generalpräventionsgarantie des nulla-poena-Satzes verletzt, läßt sich gerade an den NSG-Verbrechen exemplarisch zeigen. Weil die vom Staate befohlenen Untaten im Dritten Reich natürlich niemals geahndet worden sind, setzte die Androhungsgeneralprävention damals zumindest eine die mutmaßliche Dauer des Naziregimes übersteigende Verjährungsfrist voraus[90]. Die rückwirkende Fristverlängerung bedeutet infolgedessen die nachträglich fingierte Steigerung einer vor der Tat so nicht vorhande-

---

88 BVerfGE 25, 287; die zusätzliche Berufung auf die Entstehungsgeschichte (a.a.O., S. 287-289) überzeugt schon deswegen nicht, weil der Parlamentarische Rat das Problem gar nicht gesehen, geschweige denn erörtert hatte und weil die materiell-rechtliche Einordnung der Verjährungsvorschriften im 19. Jh. entgegen der Auffassung des BVerfG (a.a.O., S. 289), das sich zu Unrecht auf das in Wahrheit das Gegenteil beweisende Votum von *Schreiber* (ZStW 80, 358) beruft, für die historische Zuordnung zum nulla-poena-Satz spricht.

89 Vgl. nur *Schreiber*, ZStW 80, 348ff., insbes. S. 361f.; *Hilde Kaufmann*, Strafanspruch – Strafklagerecht, 1968, S. 133ff.; *Baumann*, Aufstand des schlechten Gewissens, 1965; *Rudolphi* in SK, Rdnr. 10 vor § 78.

90 Darüber hinaus ist es sogar zweifelhaft, ob das Tötungsverbot des § 211 RStGB bei den staatlich angeordneten Untaten überhaupt eine generalpräventive Wirkung entfalten konnte, weil es ja für diesen Sektor an jeglicher Sanktionsgeltung der Norm fehlte; vgl. dazu näher *meinen* Beitrag in der Festschr. f. Bruns, 1978, S. 270ff.

nen Präventionswirkung und ist deswegen auch mit der zweiten Wurzel des nulla-poena-Satzes nicht zu vereinbaren.

Dem BVerfG kann der Vorwurf nicht erspart werden, daß es sich allzu rasch mit einer verkürzten Sicht des Art. 103 beruhigt und die Verjährungsfristverlängerung dann nur noch an dem allgemeinen *Rechtsstaatsprinzip* gemessen hat, das freilich schon deswegen nicht verletzt sein konnte, weil es ja für alle Arten von Gesetzen gilt und deshalb weniger strenge Anforderungen zu begründen vermag als die strafrechtliche Spezialvorschrift des nulla-poena-Satzes. So ist etwa der vom BVerfG in Art. 20 GG lozierte subjektive Vertrauensschutz[91] deswegen entscheidend schwächer als Art. 103, weil das BVerfG sich hier immer vorbehält, die *Schutzwürdigkeit* des betreffenden Vertrauens konkret zu prüfen und dabei Rechtssicherheit und materielle Gerechtigkeit gegeneinander abzuwägen[92]. In Art. 103 ist dagegen die Schutzwürdigkeit des im Gedanken der Generalprävention objektiv gefaßten Vertrauens ebenso verfassungsunmittelbar bejaht wie der Vorrang der Rechtssicherheit, und deswegen hätte die rückwirkende Verlängerung der Verjährungsfrist nicht durch einfaches, sondern nur durch ein verfassungsänderndes Gesetz angeordnet werden können[93].

b) Die beiden anderen Beispiele, die ich anfangs zur Illustration der Rückwirkungsproblematik angeführt habe, kann ich hier nur noch kursorisch erörtern.

aa) Nach dem Beschluß des Großen Senats für Strafsachen vom 10. Juli 1975[23] soll der 1975 aufgehobene Tatbestand des Straßenraubs für die vor der Aufhebung begangenen Taten weiterhin anwendbar sein, wenn diese nach dem neuen Recht wegen der Benutzung einer Waffe ebenfalls einen schweren Raub darstellen würden. Diese Entscheidung bedeutet

---

[91] BVerfGE 13, 271; 14, 297; 15, 324; 25, 290f. und ständig; eingehend dazu jüngst *Götz* in *Starck* (Hrsg.), Bundesverfassungsgericht und Grundgesetz II, 1976, S. 421ff.

[92] Vgl. BVerfGE 3, 237; 7, 92f.; 25, 290f. (st. Rspr.). Daß das BVerfG Art. 103 II GG schon mehrfach auf das allgemeine rechtsstaatliche Prinzip des Vertrauensschutzes reduziert hat, hat *Geitmann* nachgewiesen (Bundesverfassungsgericht und „offene" Normen, 1971, S. 69f.). Daß darin eine unhaltbare Verkürzung liegt, folgt schon daraus, daß bezüglich der von der Garantie des Art. 103 unstreitig umfaßten Höhe der Strafe (z.B. auch bei Grund- und Qualifikationstatbestand) schwerlich von einem „legitimen Vertrauen" des Täters gesprochen werden kann (vgl. *Tiedemann*, a.a.O., S. 190).

[93] Ebenso *Schreiber*, ZStW 80, 364ff.

entgegen verbreiteter Auffassung[94] nicht nur eine zweifelhafte Auslegung des in § 2 Abs. 3 StGB niedergelegten Günstigkeitsprinzips, sondern eine direkte Verletzung des verfassungsrechtlichen Rückwirkungsverbotes. Denn die *alte* Raubqualifikation des Straßenraubes ist vom Gesetzgeber als kriminalpolitisch verfehlt erkannt und deswegen mit Wirkung zum 1.1.1975 aufgehoben worden, so daß sie erstens als nicht mehr geltendes Recht vom Richter schon nach den allgemeinen Regeln[95] der Rechtsquellenlehre nicht mehr angewendet werden kann, zweitens zu einer heute als materiell ungerecht erkannten und daher rechtsstaatswidrigen Strafbemessung führen würde und drittens auch unter dem Gesichtspunkt der Generalprävention keiner kontrafaktischen Bestätigung durch Sanktionsverhängung mehr bedarf. Und die *neue* Raubqualifikation ist für die vorher begangene Tat natürlich völlig irrelevant, weil der Richter ihren Geltungsanspruch nicht ohne Usurpation legislatorischer Gewalt in präteritum ausdehnen kann und weil sie außerdem bei der Tat noch nicht generalpräventiv wirken und deswegen den Täter nicht von der Mitnahme einer Waffe abschrecken konnte. Wenn der Große Strafsenat demgegenüber auf die angebliche „Kontinuität des Unrechtstyps" abstellt, die zwischen allen Raubqualifikationen durch den gemeinsamen Grundtatbestand gewahrt sei[96], so läuft dieses Argument erstens auf eine nackte petitio principii und zweitens auf eine unzulässige Reduzierung von nulla poena auf nullum crimen sine lege hinaus und bedeutet drittens eine für einen Großen Senat erstaunliche Verkennung der teleologischen Grundsubstanz von Art. 103 Abs. 2 GG. Es bleibt deshalb zu hoffen, daß das BVerfG noch Gelegenheit finden möge, diese Fehlentscheidung des Großen Senats für Strafsachen zu korrigieren.

bb) Bei der *rückwirkenden Rechtsprechungsänderung*, dem dritten Problemfeld, ist der nulla-poena-Satz entgegen einer verbreiteten Auffassung[97] jedoch nicht verletzt. Schon die *strafrechtliche* Komponente ist hier nur bedingt einschlägig, weil die Präventionswirkung nach der Struk-

94 Vgl. *Dreher*, a.a.O., § 2, Rdnr. 4, wonach § 2 III StGB keinen Verfassungsrang besitzt.

95 Zutr. *Tiedemann* JZ 1975, 693; *ders.*, Festschr. f. Peters, 1974, S. 203f.

96 BGHSt. 26, 173 f. Vgl. dagegen auch die Kritik *Mohrbotters* (ZStW 88, 945 ff.), der sich allerdings (a.a.O., S. 944f.) auf die zw. Redeweise von der „Kontinuität des Unrechtstypus" im Prinzip einläßt.

97 Zuletzt *Schreiber* JZ 1973, 717f. m. zahlr. weit. Nachw.; vgl. ferner zum Gesamtproblem *Haffke*, Diss., S. 135ff.; *Arndt*, Probleme rückwirkender Rechtsprechungsänderung, 1974, S. 13ff.; *Kohlmann*, a.a.O., S. 274ff.

tur unseres Rechtssystems nicht von dem normativ ja unverbindlichen Präjudiz, sondern nur von dem Gesetz selbst und seiner Konkretisierbarkeit ausgehen soll, die sich für den Bürger als *Risikobereich* darstellt und für ihn vermöge der umgangssprachlichen Wortlautgrenze ohne weiteres erkennbar ist[98] Zwar ist nicht zu leugnen, daß sich unsere Obergerichte eine schon präjudizienähnliche Leitsatzpraxis angewöhnt haben und in dieser den Einzelfall transzendierenden Stellung durch die Vorlagepflichten des Gerichtsverfassungsrechts[99] auch prozessual abgesichert sind. Aber es bleibt der Unterschied bestehen, daß Vertrauen und Orientierung bei Präjudizien nur *faktisch* und *nicht normativ* verankert sind. Und vor allem greift die *staatsrechtliche* Wurzel des Art. 103 GG gegenüber der Rechtsprechungsänderung nicht ein, weil die Justiz hierbei *nur sich selbst* und nicht etwa den Gesetzgeber korrigiert und weil die Entscheidung eines fertig vorliegenden Falles, die dem Gesetzgeber durch das Rückwirkungsverbot verwehrt wird, für den Richter gerade das *Wesen seiner Tätigkeit* bestimmt[100]. Ein Verbot rückwirkender Rechtsprechungsänderung kann daher aus dem nulla-poena-Satz nicht abgeleitet werden und wäre im übrigen in unserer Gerichtsverfassung auch nicht exekutierbar, weil es mangels institutioneller Vorkehrungen für ein prospective overruling[101] zu der nun wirklich von niemandem

98 Daß nicht jeder Bürger ständig im StGB blättert (worauf *Lemmel*, a.a.O., S. 150f., entscheidend abhebt), ist demgegenüber natürlich unerheblich, denn die Generalpräventionsgarantie bedeutet wie jede rechtliche Garantie keine Psychologisierung bis zum Einzelfall, sondern eine Verteilung von Zurechnungs- und Verantwortungssphären: Die Möglichkeit der Generalprävention bedeutet, von der objektiven Garantie in ein inhaltsgleiches subjektives öffentliches Recht transportiert, daß für die Bürger die generelle Möglichkeit bestehen muß, den Strafbarkeitsbereich abzuschätzen und sich dadurch motivieren zu lassen.

99 S. §§ 121 II, 136 GVG.

100 Darauf habe ich schon in *meiner* Münchener Probevorlesung v. 17. 2. 1975 hingewiesen (vgl. jetzt Festschr. f. Bruns, 1978, S. 274); nunmehr ebenso *Tröndle*, Festschr. f. Dreher, 1977, S. 133f.

101 Alle diesbezüglichen Vorschläge betreffen nur die lex ferenda und muten überdies wenig vertrauenerweckend an. Beispielsweise würde der Gedanke *Schreibers*, auf Antrag der StA gegen bestimmte „Beschuldigte" vor dem Landgericht ein „Warnungsverfahren" durchführen zu lassen (JZ 1973, 718), zu einem eigenartigen und dem Betroffenen unzumutbaren Schattenboxen führen (das LG hat die höchstrichterliche Rspr. weder zu verantworten noch kann es sie ändern, und der nach Auffassung *Schreibers* in jedem Fall straflose Betroffene kann doch wohl kaum als Versuchskaninchen für dogmatische Streitfragen verwendet werden, von seiner Belastung mit Verfahrenskosten ganz abgesehen).

gewünschten Petrifizierung verfehlter Präjudizien führen würde. In unserem derzeitigen Rechtssystem wäre ein Verbot rückwirkender Rechtsprechungsänderung deswegen ein *Fremdkörper*, dessen Einführung schließlich auch nicht mit dem Gedanken des Vertrauensschutzes gerechtfertigt werden kann. Denn der vom Schuldprinzip unabdingbar geforderte Vertrauensschutz wird schon durch die Rechtsfigur des Verbotsirrtums sichergestellt, so daß der einzelne Bürger bei Unkenntnis der materiellen Rechtswidrigkeit hinreichend geschützt ist, und ein darüber hinausgehender Vertrauensschutz wird, wie die anerkannte Irrelevanz des Strafbarkeitsirrtums zeigt[102], auch vom allgemeinen Rechtsstaatsprinzip nicht geboten.

VII.

1. Damit kann ich mich dem *Bestimmtheitsgebot* als der vierten Konkretisierung zuwenden. Die kumulative Deckung durch die beiden teleologischen Fundamente des Art. 103 GG liegt hier wieder offen zutage, denn wenn das Gesetz die strafbaren Handlungen nur generalklauselartig umschreibt, so wird die legislatorische Aufgabe der Normsetzung in Wahrheit durch den Richter wahrgenommen und damit der Grundsatz der Gewaltenteilung verletzt, und zugleich können die Bürger wegen der semantischen Leere der Gesetzestermini das Strafbarkeitsrisiko nicht mehr abschätzen, so daß dem Gesetz jede generalpräventive Wirkung fehlt. Prinzipiell scheint hier also alles klar zu sein. Aber wo liegt die Grenze zwischen *noch hinreichend bestimmten* und bereits *zu unbestimmten* Strafgesetzen? Müssen wir nicht vor dem Paradoxon kapitulieren, daß das Kriterium der Gesetzesbestimmtheit nicht definibel und daher *selbst zu unbestimmt* ist?

Wie ich zu Beginn meines Vortrages gezeigt habe, haben Gesetzgeber, Rechtsprechung und Wissenschaft vor dieser Frage resigniert und den Bestimmtheitsgrundsatz stillschweigend preisgegeben. Vielleicht läßt sich aber dennoch ein Ausweg aus dem Dilemma finden. Nach dem Grade der Bestimmtheit können wir zunächst vier auf einer gleitenden Skala ineinander übergehende Gruppen unterscheiden, nämlich die *numerischen* und daher absolut bestimmten Begriffe, ferner die auf einer in der ganzen Gesellschaft weitgehend einheitlichen Verwendung beruhenden *Klassifika-*

---

102 S. nur *Baumann*, AT, S. 439; *Jescheck*, AT, S. 235; BGHSt 10, 41; 15, 377; a.M. nur *Haffke*, Das Rückwirkungsverbot des Art. 103 II GG bei Änderung der Rechtsprechung zum materiellen Recht, 1970, S. 155ff. und neuerdings *Otto*, a.a.O., S. 196.

tionsbegriffe (gewöhnlich „deskriptive Tatbestandsmerkmale" genannt), sodann die nicht durch die gleiche sinnliche Anschauung, sondern durch die gleiche gesellschaftliche Funktion des Substrats gebildeten *Funktionsbegriffe* (gewöhnlich „normative Tatbestandsmerkmale" genannt) und schließlich die *reinen Wertbegriffe* (gewöhnlich „Generalklauseln" genannt)[103]. Ein Gesetz ist nun sicherlich umso bestimmter, je mehr Tatbestandsmerkmale der ersten und zweiten Kategorie es enthält. Zwar hat *Haft* unlängst die gegenteilige These zu begründen versucht, daß der Bestimmtheitsgrundsatz durch ein kasuistisches Gesetz mehr gefährdet werde als durch eine Generalklausel und daß die Rechtssicherheit statt dessen besser durch die Forderung einer intendierten und bedeutungsschweren Rechtsgutsverletzung sowie durch den übereinstimmenden Sprachgebrauch aller ehrenwerten und vernünftigen Leute gewährleistet werden könne[104]. Aber das bedarf, wie ich glaube, keiner längeren Widerlegung, denn *Hafts* Konzept führt sich nicht nur durch sein Ergebnis ad absurdum, sondern zerbricht auch an seinen inneren Aporien, wenn das Rechtsgut einerseits zum Angelpunkt der Strafrechtsfindung gemacht und das Rechtsgut der Ehre im gleichen Atemzuge exemplarisch als unbestimmbar bezeichnet wird oder wenn die Sprachverwendung rechtsfeindlicher Elemente für irrelevant erklärt und die darin steckende gigantische petitio principii völlig übersehen wird[105].

Es bleibt also dabei, daß unter dem Gesichtspunkt des Bestimmtheitsgrundsatzes an sich schon die Funktionsbegriffe unwillkommen sind. Andererseits kann es aber nicht im mindesten zweifelhaft sein, daß in einer komplizierten Gesellschaft wie der unseren eine Steuerung der Sozialprozesse durch im vorhinein formulierte Verhaltensregeln allein mit numerischen und deskriptiven Begriffen schlechterdings unmöglich ist. Man mache nur einmal den Versuch, den Urkundenbegriff durch deskriptive Bezeichnung der vorkommenden Urkundenarten zu ersetzen; dann wird man feststellen, daß ein rein deskriptiv gefaßtes Strafgesetzbuch etwa den Umfang

---

[103] Vgl. zu den denkbaren Einteilungen allgemein *Engisch*, Einführung, S. 33; *Lemmel*, a.a.O., S. 44ff.; *Geitmann*, a.a.O., S. 108ff.

[104] JuS 1975, 477ff., 484.

[105] a.a.O., S. 484. Im übrigen ist *Hafts* Polemik gegen die semantische Bestimmtheit deskriptiver Tatbestandsmerkmale ein etwas ekletisches Produkt teils mißverstandener, teils einseitig ausgewählter, teils selbst einseitig übersteigerter Sentenzen der modernen Sprachtheorie.

des „Großen Brockhaus" oder gar des „Meyer" erreichen müßte. Funktionsbegriffe sind also unverzichtbar und auch für die „hinreichende Bestimmbarkeit" der Strafrechtsnormen, die Art. 103 GG infolgedessen nur gebieten kann[106], unschädlich, sofern sie nur vom Gesetzgeber als echte Funktionsbegriffe gemeint sind und nicht in der Praxis unter der Hand zu reinen Wertbegriffen denaturiert werden. Ein Beispiel bietet hier etwa die Entsprechungsklausel bei den unechten Unterlassungsdelikten (§ 13 StGB), die unbedenklich ist, wenn man darunter die Gleichstellbarkeit von aktivem Tun und unechtem Unterlassen in den für die Erfolgszurechnung maßgeblichen ontologischen Strukturen versteht, die dagegen zu reiner Willkür führt, wenn man sich mit einer Gleichstellbarkeit unter dem Gesichtspunkt der Strafwürdigkeit zufrieden gibt[107].

Wie das letzte Beispiel schon zeigt, droht die eigentliche Gefahr in unserer wertpluralistischen und daher wertrelativistischen Gesellschaft von den reinen *Wertbegriffen.* Ich nenne paradigmatisch die Verwerflichkeit in § 240 StGB, die guten Sitten in § 226a StGB, die berechtigten Interessen in § 193 StGB und die schutzwürdigen Belange im Bundesdatenschutzgesetz[108] sowie – als Krönung – den groben Unfug im alten § 360 Nr. 11 StGB, die öffentliche Ordnung im bayerischen Landesstrafrecht[109] und die revolutionären Grundsätze in der Verordnung der Münchener Räterepublik über die Einsetzung von Revolutionstribunalen[110].

a) Die klarste Lösung würde zweifellos darin bestehen, reine Wertbegriffe in Strafgesetzen generell auszuschließen. Aber dann würden vom gesamten Strafrecht nur noch die Tötungsdelikte übrigbleiben, denn schon bei der Körperverletzung kann man in Extremfällen auf die Güter- und Interessenabwägung des rechtfertigenden Notstandes nicht verzichten. Daraus folgt, daß die Verwendung von reinen Wertbegriffen nicht schlechthin verboten sein kann, wenn Strafrechtspflege weiterhin möglich sein soll.

b) Das andere Extrem läge darin, die Generalklauseln unter Berufung auf die andernfalls nicht zu verwirklichende materielle Gerechtigkeit unbe-

---

106 Vgl. dazu bereits *meine* Grund und Grenzen der unechten Unterlassungsdelikte, S. 263ff.

107 Vgl. Grund und Grenzen der unechten Unterlassungsdelikte, S. 316ff.; GA 1974, 235f., 239f.

108 § 41 i.V.m. §§ 11, 23-25, 32f. BDSG.

109 Vgl. dazu BayVerfGHE 1951 II, 194.

110 Vgl. *Beling,* ZStW 40, 511.

schränkt zuzulassen – eine Lösung, die ja auch trotz der verbalen Proteste[111] die heutige Praxis beherrscht. Aber diese Alternative läßt, wie die Beispiele des groben Unfugs, der öffentlichen Ordnung und der revolutionären Grundsätze zeigen, von der von Art. 103 GG geforderten Gewaltenteilung und Generalprävention schlechthin nichts mehr übrig, und entgegen einer verbreiteten Auffassung[112] würde dadurch die materielle Gerechtigkeit um keinen Deut gefördert. Denn die materielle Gerechtigkeit ist, wie ich hier in Zusammenfassung der modernen erkenntnis- und wissenschaftstheoretischen Erkenntnisse der sog. Metaethik[113] ohne weitere Begründung feststellen muß, keine irgendwo vorhandene Entität, sondern nichts anderes als die Übereinstimmung einer einzelnen Fallösung mit den jeweils herrschenden rechtlichen und kulturellen Wertüberzeugungen. Infolgedessen existiert auf einem axiologisch diffusen, durch eine Gemengelage kontroverser Wertungen gekennzeichneten Regelungsgebiet, dessen gordischer Knoten auch vom Gesetzgeber nicht entwirrt werden konnte und deshalb durch eine Generalklausel an die Justiz weitergereicht werden mußte, nur *Wertpluralismus und keinerlei materielle Gerechtigkeit.* Und was der Richter dann bei seiner Entscheidung für materiell gerecht hält, ist nichts anderes als der Widerschein seiner höchstpersönlichen Attitüden und damit nackte Willkür in dem schon von den Theoretikern der Aufklärung verpönten Sinne[114].

c) Das BVerfG hat deswegen in seiner Entscheidung zum groben Unfug einen *mittleren* Kurs zu steuern versucht, indem es zum einen den Grad der Gesetzesbestimmtheit von der Höhe der angedrohten Strafe abhängig gemacht und zum anderen eine zwischenzeitliche Konkretisierung der Generalklausel durch die Rechtsprechung als eine Art Heilung des Verfassungsverstoßes verwertet hat[115]. Auch dieser Ausweg kann aber nicht überzeugen, und zwar aus drei Gründen. *Erstens* ist schon nicht recht einzusehen,

---

111 Vgl. BVerfGE 6, 42; 8, 325; 13, 160; 20, 157f.

112 Eingehend *Lenckner* JuS 1968, 253ff., 305 ff.

113 Vgl. dazu i.e. demnächst *meine* „Vier Stufen der Rechtsgewinnung", § 8 IV-VI.

114 Denn wo keine rationale, d.h. methodengerechte Beweisführung möglich ist, gibt es auch keine materielle Gerechtigkeit – in der gegenteiligen Annahme liegt der unheilbar fehlerhafte Grundansatz der modernen ontologischen Hermeneutik!

115 BVerfGE 26, 41ff.

warum die rechtsstaatlichen Anforderungen an den Tatbestand von dem Ausmaß der Rechtsfolge abhängen sollen; wird denn die Gewaltenteilung allein deswegen nicht verletzt, weil die richterliche Willkür nur eine Geldstrafe verhängt hat? *Zweitens* schafft das BVerfG durch diese Verkoppelung zweier unbestimmter Maßstäbe nur weitere Unsicherheit, so daß mit seiner Formel gar nichts gewonnen ist. Und *drittens* wird der Schutzzweck des nulla-poena-Satzes gründlich verkannt, wenn man seine Verletzung durch weitere Verfassungsverstöße der Rechtsprechung geheilt sehen möchte[116]; denn dann könnte der Gesetzgeber die Verfassung beliebig mißachten, sofern er nur eine ihm rasch willfährige Justiz findet. Zu guter Letzt richtet sich auch das vom BVerfG erzielte Ergebnis selbst, denn der „Tatbestand" des groben Unfugs besteht aus einem einzigen Wertbegriff und besitzt nicht den geringsten deskriptiven oder funktionalen Gehalt, so daß er nicht anders als die quasi dem Raritätenkabinett entstiegenen bayerischen Beispiele ein semantisches nullum darstellt; wenn nicht dieses, was sollte wohl dann noch den Bestimmtheitsgrundsatz verletzen?

d) Um solche Ergebnisse zu verhindern, hat man im Schrifttum die Forderung erhoben, daß die Strafgesetze das *größtmögliche* Maß an Bestimmtheit aufweisen müßten, so daß sie dann verfassungswidrig seien, wenn dem Gesetzgeber eine weitere Konkretisierung möglich gewesen wäre[117]. Das klingt plausibel, hält einer näheren Nachprüfung aber nicht stand, weil es geradezu eine Hypertrophie unbestimmter Strafrechtsnormen provoziert. Denn immer dann, wenn der Gesetzgeber den Tatbestand so weit ausdehnt, daß auch zahlreiche nicht strafwürdige Fälle davon erfaßt werden, die nur mit Hilfe einer Generalklausel wieder ausgeschieden werden können, müßte man ihn – und diese Konsequenz ist von *Arzt*[118] ausdrücklich gezogen worden – hierfür noch mit einem Dispens vom Bestimmtheitsgrundsatz prämieren. Durch dieses Resultat führt sich die Prä-

---

116 Ganz abgesehen davon, daß im speziellen Fall von einer hinreichenden Konkretisierung des groben Unfugs durch die Rspr. wohl keine Rede sein konnte, vgl. *Schroeder* JZ 1969, 778ff.

117 Vgl. *Lenckner*, JuS 1968, 305; *Kohlmann*, a.a.O., S. 256ff.; *Schönke-Schröder-Eser*, Strafgesetzbuch, § 1 Rdnr. 30.

118 Der strafrechtliche Schutz der Intimsphäre, 1970, S. 248 (wobei *Arzt* allerdings auf S. 281 den Vorbehalt macht, daß die fiktive weiterreichende Strafbarkeit nicht wegen ihres Umfanges materiellen verfassungsrechtlichen Bedenken begegnen dürfe).

misse wohl selbst ad absurdum, und daran kann auch die zum Nachweis ihrer Fruchtbarkeit angeführte Verfassungswidrigkeit des § 226a[119] nichts ändern. Wenn diese Vorschrift eine Körperverletzung trotz Einwilligung des Opfers für strafbar erklärt, sofern die Tat gegen die guten Sitten verstößt, so ist sie nämlich schon inhaltlich verfassungswidrig, weil sie die Beschränkung des Strafrechts auf Rechtsgüterschutz[120] mißachtet, und auf ihre Vereinbarkeit mit dem Bestimmtheitsgebot kommt es infolgedessen gar nicht mehr an.

e) Damit bleibt von den in der Literatur entwickelten Konzepten zur Konkretisierung des Bestimmtheitsgrundsatzes nur noch der von *Naucke*[121] propagierte Ausweg übrig, die „Flucht des Gesetzgebers in die Generalklauseln"[122] zähneknirschend hinzunehmen, aber ihr dadurch passiven Widerstand zu leisten, daß man in gesteigerten Umfang einen schuldausschließenden Irrtum des Täters bejaht, ihn bei der Strafzumessung privilegiert oder die Generalklauseln schon objektiv einschränkend interpretiert[123]. Wenn diese Empfehlung befolgt würde, könnten sicherlich einige der anstößigsten Konsequenzen von inhaltsleeren Strafgesetzen unterdrückt werden. Auf der anderen Seite ist aber nicht zu verkennen, daß das Übel hiermit nicht an der Wurzel gepackt, sondern lediglich ein System von Aushilfen ersonnen wird, dessen Realisierung nicht garantiert werden kann. Schon bei der restriktiven Interpretation der Generalklauseln ist es nicht zu vermeiden, daß jeder Richter – wenn er *Nauckes* Vorschlag überhaupt akzeptiert – aus der Fülle denkbarer Konkretisierungen die nach seinem individuellen Wertgefüge besonders wertwidrigen herausgreift, was auf einem wertpluralistischen Bereich zu einem verwirrenden, allenfalls nach und nach vom Bundesgerichtshof zu

---

119 *Schönke-Schröder-Eser*, a.a.O., unter Berufung auf *Roxin* JuS 1964, 379; selbst diesen Extremfall hält *Lenckner* (a.a.O., S. 307f.) aber noch für verfassungsgemäß.

120 Vgl. *Hassemer*, Theorie und Soziologie des Verbrechens, 1973, S. 111ff.; *Amelung*, Rechtsgüterschutz und Schutz der Gesellschaft, 1972, S. 309ff.; *Roxin* JuS 1966, 381ff.; *Baumann*, AT, S. 9f.; *Jescheck*, AT, S. 194.

121 Über Generalklauseln und Rechtsanwendung im Strafrecht, 1973, S. 21ff.

122 Vgl. dazu aus zivilrechtlicher Sicht *Hedemann*, Die Flucht in die Generalklauseln, 1933; *Diederichsen*, Die Flucht des Gesetzgebers aus der politischen Verantwortung im Zivilrecht, 1974.

123 In diesem Sinne bereits *Roxin* JuS 1964, 379; *Engisch*, Festschr. f. H. Mayer, 1966, S. 400; *Lenckner* JuS 1968, 308f.

ordnenden Strafbarkeitskaleidoskop führen müßte. Der zweite Ausweg des unvermeidbaren Verbotsirrtums ist darüber hinaus sogar dogmatisch zweifelhaft, weil erstens der Täter gerade bei einer generalklauselartigen Norm das Risiko einer von seinen Vorstellungen abweichenden richterlichen Normkonkretisierung ohne weiteres erkennen kann, weil zweitens die Relevanz jeglicher abweichender Wertvorstellung zu einer Atomisierung der Normgeltung auf diesem Bereich führen würde[124] und weil schließlich zumeist keine Verbotsirrtümer, sondern nur unbeachtliche Strafbarkeitsirrtümer zur Debatte stehen werden. *Nauckes* dritter Ausweg über die Strafzumessung scheint mir schließlich am allerwenigsten realisierbar zu sein, denn angesichts der heutigen Strafbemessungspraxis, die den einzelnen so gut wie vollständig dem Ermessen bzw. – in der Terminologie der Aufklärung – der Willkür des Tatrichters ausliefert, ist die Strafzumessung bei dem Versuch, die rechtsstaatskonforme Anwendung eines rechtsstaatswidrigen Gesetzes durch alle Richter sicherzustellen, zweifellos das allerschwächste Glied.

3.a) Die bisherigen Versuche, den Bestimmtheitsgrundsatz rechtsdogmatisch „in den Griff zu bekommen", können daher nicht befriedigen. Dennoch halte ich die Resignation, die sich in der Praxis durchgesetzt hat, für verfrüht. Ich glaube, daß man durchaus zu einer ebenso rechtsstaatlichen wie praktikablen Lösung kommen kann, sofern man sich dazu entschließt, den Begriff der Bestimmtheit auf dem allein noch übrig bleibenden *quantitativen* Wege dahin zu definieren, daß der Anteil der noch hinreichend bestimmbaren Tatbestandsmerkmale an der Begrenzung des strafbaren Verhaltens jedenfalls mehr als 50 % betragen muß. Diese quantitative Festlegung wirkt zunächst wie eine reine Dezision, läßt sich aber nach meiner Überzeugung durchaus schlüssig aus den konsensfähigen Mindestanforderungen des Bestimmtheitspostulats ableiten. Denn die Grundsätze der Gewaltenteilung und der generalpräventiven Wirkungsmöglichkeit fordern, wenn sie nicht von *Grundsätzen in Ausnahmebestimmungen* verdreht werden sollen, jedenfalls die Beschreibung des *Regelfalles der Strafbarkeit* durch den Gesetzgeber und gestatten dem Richter allenfalls die eigenmächtige Behandlung von Ausnahmefällen. Daraus folgt dann aber, daß der vom Gesetzgeber mit Tatbestandsmerkmalen der ersten drei Stufen

---

[124] Die weitaus unangenehmer wäre als das im Fall der Nichtigerklärung des zu unbestimmten Gesetzes eintretende strafrechtliche Vakuum!

erfaßte Handlungsrahmen auch in der Regel, und d.h. mindestens für über 50% der tatsächlich vorkommenden Fälle, strafwürdig sein muß, während die dem Richter durch einen reinen Wertbegriff überantwortete freie Entscheidungskompetenz auf Ausnahmefälle, und d.h. auf weniger als 50%, beschränkt sein muß.

Das aus dem lex-certa-Postulat abzuleitende Kriterium ist daher theoretisch eindeutig definibel: Man braucht nur den vom Gesetzgeber mit substanzhaltigen Termini der ersten drei Kategorien umschriebenen Gesamttatbestand mit dem dem Gesetzgeber selbst vorschwebenden Kernbereich echter Strafwürdigkeit zu vergleichen, zu dessen Festlegung dem Richter die Generalklausel (d.h. ein reiner Wertbegriff) in die Hand gegeben wird; wenn dieser Kernbereich nach der eigenen Konzeption des Gesetzgebers weniger als die Hälfte der insgesamt erfaßten Handlungen repräsentiert, so ist der Gesetzgeber seiner Pflicht, den Regelfall der Strafbarkeit zu bezeichnen, nicht nachgekommen, und das Gesetz ist wegen Verletzung des Art. 103 verfassungswidrig.

b) Ich bin mir bewußt, daß man gegen die Praktikabilität dieses Ansatzes vor allem zwei Einwendungen erheben wird. Erstens kann die quantitative Abgrenzung natürlich nicht durch eine exakte quantitative Methode, sondern nur durch eine mehr oder weniger pauschale Schätzung praktisch realisiert werden. Und zweitens wird der Gesetzgeber über den harten Kern der Norm oft nur verschwommene Vorstellungen haben, die nicht einmal eine pauschale Quantifizierung gestatten. Beide Einwände greifen aber letztlich nicht durch. Wenn die Vorstellungen des Gesetzgebers für die gebotene Schätzung keine Anhaltspunkte geben, so offenbart das eine derartig bedenkenlose Abschiebung der eigenen Verantwortung, daß die Verletzung des Bestimmtheitsgrundsatzes schon dadurch erwiesen wird. In der Regel wird dagegen auf Grund der vom Gesetzgeber in den Materialien oder sogar im Gesetz selbst angeführten Beispielsfälle eine pauschale Abschätzung möglich sein, die auch nicht auf eine petitio principii hinausläuft, weil es ja noch nicht um die exakte Festlegung der Strafbarkeit, sondern nur um eine Ortung des überhaupt strafrechtsrelevanten Bereiches geht. Daß ein solches Urteil durchaus plausibel gemacht werden kann, möchte ich abschließend an den eingangs genannten Beispielen demonstrieren.

aa) Die Strafbarkeit des groben Unfugs, der Verletzung revolutionärer Grundsätze oder der Störung der öffentlichen Ordnung wurde von vornherein ausschließlich mit reinen Wertbegriffen umschrieben; mangels eines auch nur rudimentär substanzerfüllten Tatbestandes kann die Verfassungswidrigkeit solcher Vorschriften daher nicht zweifelhaft sein.

bb) In § 41 BDSG ist in dem substanzhaltigen Tatbestand allein die Übermittlung geschützter personenbezogener Daten beschrieben. Wir alle wissen, daß solche Handlungen jeden Tag tausendfach vorkommen und auch für die Funktion unserer Volkswirtschaft unerläßlich sind. Infolgedessen ergibt schon die pauschale Abschätzung mit völliger Sicherheit, daß die strafrechtsrelevanten Fälle, deren Auffindung der Gesetzgeber dem Richter mit Hilfe der Generalklauseln der „berechtigten Interessen" und der „schutzwürdigen Belange" überantwortet hat, weit unter 50 % des Gesamtrahmens liegen. Auch § 41 BDSG ist daher verfassungswidrig[125].

cc) Umgekehrt ist die vom Gesetzgeber bei dem rechtfertigenden Notstand des § 34 StGB benutzte Güter- und Interessenformel unter dem Gesichtspunkt des Bestimmtheitsgrundsatzes nicht zu beanstanden, weil es hier von vornherein nicht zweifelhaft sein kann, daß sie nur als Ventil für *Ausnahmefälle* zur Verfügung gestellt ist.

c) Die 50 %-Richtlinie scheint mir also eine durchaus brauchbare Handhabe zu bieten, um handgreifliche Verletzungen des lex-certa-Gebotes durch den Gesetzgeber zu korrigieren. Mehr wird man im Rahmen des Bestimmtheitsgebotes zwar niemals verlangen können, wenn Strafrechtspflege weiterhin möglich sein soll; wenn man sich aber – wie die heute herrschende Meinung – mit weniger zufrieden gibt, hat man den Rechtsstaat selbst preisgegeben.

VIII.

In Anbetracht der fortgeschrittenen Zeit muß ich mich bei der fünften Konkretisierung, der Erstreckung des Gesetzlichkeitsprinzips auch auf die *poena*, auf wenige Andeutungen beschränken. In Bezug auf das Verbot von Analogie, Gewohnheitsrecht und Rückwirkung kann ich ohnehin auf die schon zum crimen angestellten Überlegungen verweisen. Besondere Probleme wirft hier nur das *Bestimmtheitsgebot* auf, von dem angesichts der exorbitant weiten Strafrahmen des Besonderen Teils sowie der zusätzlichen generalklauselartigen Variationsvorschriften des Allgemeinen Teils praktisch überhaupt nichts mehr übrig geblie-

[125] Vgl. bereits *Tiedemann-Sasse,* Delinquenzprophylaxe, Kreditsicherung und Datenschutz in der Wirtschaft, 1973, S. 121 sowie *meinen* Beitrag in ZStW 1978, H. 1 Fn. 36f.

ben ist. Daß dies mit der *rechtsstaatlichen* Schutzrichtung von Art. 103 GG nicht zu vereinbaren ist, liegt auf der Hand, denn die Höhe der Strafe ist für das soziale Schicksal eines Menschen oft wichtiger als die Strafverhängung überhaupt und darf infolgedessen nicht völlig dem richterlichen Belieben überlassen werden. Schwieriger ist schon das Verhältnis zu der *generalpräventiven* Komponente zu beurteilen, denn über den Zusammenhang von Strafhöhe und Generalprävention liegen bis heute keine eindeutigen empirischen Forschungsergebnisse vor[126]. Um Ihre Geduld nicht übermäßig zu strapazieren, kann ich diesen Fragen hier nicht weiter nachgehen, sondern nur noch drei abschließende Thesen in den Raum stellen.

Erstens: Die Variationsvorschriften des Allgemeinen Teils sind fast durchweg *Experimentierklauseln in bonam partem,* die deshalb verfassungsrechtlich unbedenklich sind.

Zweitens: Die exorbitanten Strafrahmen des Besonderen Teils müssen auf überschaubare Blöcke reduziert werden; eine Spanne zwischen einem halben Jahr und lebenslanger Freiheitsstrafe wie beim Totschlag ist beispielsweise verfassungswidrig[127]. Als vertretbare Spannweiten kämen bei den Freiheitsstrafrahmen etwa 1 Monat bis 2 Jahre, ein halbes Jahr bis 5 Jahre, 1 Jahr bis 10 Jahre und 2 Jahre bis 15 Jahre in Betracht, und daß damit der Einzelfallgerechtigkeit noch genügend Spielraum bliebe, ist mir nicht zweifelhaft[128].

Drittens: Im übrigen wird der nach meinem Dafürhalten unerträgliche Zustand einer regional vollständig zersplitterten Strafzumessung nur durch

---

126 Vgl. einerseits *Kaiser*, Verkehrsdelinquenz und Generalprävention, 1970, S. 394ff.; andererseits *Breland*, Lernen und Verlernen von Kriminalität, 1975, S. 142ff.

127 In dieser Hinsicht noch jüngst ohne jedes Problembewußtsein BGH bei *Holtz* MDR 1977, 638.

128 Falls bei den Vermögensdelikten wie etwa bei § 263 wirklich eine Gesamtspannweite von 10,– DM Geldstrafe bis zu 10 Jahren Freiheitsstrafe erforderlich sein sollte (was ich für äußerst zweifelhaft halte), so könnte Art. 103 II GG doch ohne weiteres dadurch Rechnung getragen werden, daß (entsprechend der weithin einheitlichen Gerichtspraxis!) eine Staffelung der Strafrahmen nach dem hier besonders leicht quantifizierbaren Umfang der Rechtsgutsverletzung vorgenommen wird – so wie dies bei den Delikten gegen die Person (vgl. die Stufenleiter § 185-§ 223-§ 239-§ 224-§ 212) seit langem selbstverständlich ist.

eine entschlossene *Beschränkung des relevanten Strafzumessungssachverhalts* auf uneingeschränkt rationale und mitteilbare Faktoren und durch eine darauf basierende Vereinheitlichung qua revisionsgerichtlicher Kontrolle beseitigt werden können[129].

IX.

Damit bin ich am Ende meiner Überlegungen angelangt. Die gegenwärtige Geringschätzung des Art. 103 Abs. 2 GG in der Praxis hatte mich veranlaßt, den Rechtssatz „nulla poena sine lege" in dem Titel meines Vortrages mit einem Fragezeichen zu versehen. Ich habe zu zeigen versucht, daß die gegenwärtige Praxis unrichtig ist und daß wir diesen Fundamentalsatz eines rechtsstaatlichen Strafrechts in Zukunft wieder *ernst nehmen müssen* und auch ohne Schwierigkeiten *ernst nehmen können.*

Gestatten Sie mir deshalb bitte, zum Abschluß meines Vortrages das an den Anfang gestellte Fragezeichen symbolisch durch ein Ausrufungszeichen zu ersetzen!

[129] Dazu näher *mein* Beitrag „summum ius = summa iniuria bei der Strafzumessung" in Heft 3 der Schriftenreihe des Instituts für Konfliktforschung, 1977, S. 73ff.

Kolibri 360 GmbH
Ferdinand-Jühlke-Straße 7
99095 Erfurt, Deutschland
produktsicherheit@kolibri360.de